大型国际体育赛事的

公共外交研究

路 静◎著

时 事 出 版 社
北 京

目 录

绪 论

大型体育赛事是人类高水平运动的竞技场，也是民族国家等行为体向国际社会展现其独特身份、实力或思维的秀场，是各国或政府“公共外交”的平台，在当代国际关系中起着独特的作用。作为一个“低政治”领域，国际体育赛事的政治性虽然不像政治、军事、安全事务等涉及国家生存、安全和发展的“高政治”领域那样受到学者和决策者的关注，但是体育赛事的政治运作问题、特别是在国际政治当中的特别角色不容忽视。尤其是在奥运会、世界杯等重大的体育赛事中，体育赛事趋于成为国际政治角力场，其国际政治意义越来越明显。

在当代国际关系的发展历程中，许多国家或政府曾经借助体育赛事来宣扬本国的文化、表达身份的认同，寻求广泛的合作、改善在国际体系中的地位，同样，赛事组织机构也在不同国家间复杂的政治角力中得到抑制或拓展。然而，在借助大型体育赛事实现上述政治目标时，究竟哪些行为体成为其中政治运作的主角？它们为了实现特定的政治目的采取了怎样的公共外交行为？这些行为和互动是在怎样的国际、国内背景下实施的？它们如何使得大型国际体育赛事政治化？大型国际体育赛事作为“低政治”平台的国际政治与外交的意义又是如何？对于这些具有国际关系学术和政策意义的问题，学术界的研究可谓方兴未艾。

由于在国际社会的政治互动中，各行为体为了维护自身利益和形象，往往会给自身的最终行为找出各种理由，这使得研究者很难透过最终的结果理解背后的关键性影响因素，因此，以国际关系的理论为指引，合理利用一些最新公布的原始档案及相关文献，不失为更全面深入理解大型体育赛事背后的政治运作和内在逻辑的有效研究方式。而近期解密的有关 1988 年汉城奥运会[①]的一组历时性记录为遵循该方式对上述问题进行更为深入的探索提供了契机。

1988 年汉城奥运会是冷战期间的最后一届奥运会，同时又是在连续三次大规模抵制奥运会后世界主要国家基本都参加的一届奥运会，使得这届奥运会具有不同的政治意义。各国政府的相关机构和人员与国际奥委会经过大量的沟通、协调、妥协和斗争才使得奥运会得以顺利举行，这使得这届奥运会的政治色彩特别鲜明。

在一个趋于高度一体化的国际社会中，针对单独国家的割裂描述和探讨已难以满足复杂国际环境中对国际事件的分析，采取综观的视角，尝试结合国家、国际格局和个体的互动来进行研究，则具有国际关系的学术和政策意义，而以汉城奥运会筹办为例，将研究的视角聚焦于国家间围绕大型国际体育赛事通过“公共外交”（public diplomacy）所形成的政治互动不失为一个有益的尝试。

第一节　研究目的与研究意义

一、研究目的

国际关系的研究通常是以国家间，特别是大国间的政治争端、

---

① “汉城”是韩国首都首尔（“서울”）在 2005 年之前的汉语旧译。2005 年 1 月，该市时任市长李明博正式宣布“서울”的中文译名改为“首尔”，并通知中国政府。由于本书所关注的第 23 届奥运会是在 1988 年举办的，因此依据专有名词翻译中“约定俗成”的准则，采用了“汉城奥运会”的译法，以保持其历史特征。

冲突、战争作为研究的对象或实例，从而形成体现国际关系规律的假设抑或理论。本书意在避开国际政治角力的正面战场或“高政治”（High politics），从国际大型活动，特别是奥运会这类国际体育文化盛宴，或称之为“低政治”（Low politics）平台，来展现各国际社会行为体（国家、国际组织、个人）在特定历史文化背景下的复杂互动。

研究选择韩国[①] 1988 年汉城奥林匹克运动会作为研究对象，依托近期解密的相关历史档案与文献，采用历史叙事等方法，以期全面描述韩国政府筹办汉城奥运会的公共外交运作和与相关行为体政治互动的过程，深度分析影响和制约这一过程的主要因素及其作用，进一步解释公共外交在围绕大型国际赛事这一“低政治”平台上发挥作用的行为轨迹和内在逻辑。

本研究采取的历史叙事方式，具有内在的叙事逻辑（descriptive sequences）。该逻辑可具体表述为：以特定理论或核心观念为指引，依托既定的假设和解释框架对历史事件嬗变的书写。历史事件的多元性决定了不同群体对其的不同描述和解读，历史叙事的方式实则代表了研究者检视与思考问题的智识图景和对历史事件的重构模式。

作为历史与国际关系理论结合的个案研究，本书包含了三个研究目的。

首先，鉴于 1988 年汉城奥运会是 20 世纪冷战环境中的大型国际体育赛事，本书在对赛会筹办进程中的公共外交进行阐述过程

① 本研究在叙事过程中，对于“대한민국”（Republic of Korea，ROK）和“조선민주주의인민공화국”（Democratic People's Republic of Korea，DPRK）的中文译名，采用了中华人民共和国外交部当前规定的“韩国”和“朝鲜”的译法。然而，在 20 世纪 80 年代，中国新闻媒体常将“韩国”以“南朝鲜”称之，因此，当后文出现对当时《人民日报》、新华社相关报道等的直接引用时，仍保留报道原文中“南朝鲜”的称谓方式，而其他场合则采用外交部统一标准。

中，试图通过对特殊背景的分析探讨冷战的国际政治背景（context）与是次奥运会在政治层面的关系。

其次，由于公共外交强调的是通过积极有效的与国际公众的互动以影响其态度、认知和相应国家、政府的政策行为等，本书试图形成一个适合大型体育赛事的公共外交行为分析框架，分析韩国政府在汉城奥运会筹办过程中如何针对国际奥委会与相关国家和政府进行公共外交以实现其对举办奥运会赋予的政治目的，并检验其合理性。

第三，尽管本书的主要研究方法为历史叙事和分析的方法，但试图借鉴冷战“国际史”（international history）的视角，在探讨“国与国”（state to state）关系的同时拓展对“国与社会”（state to society）甚或“国与大众”（state to people）、“国与文化”（state to culture）关系的描述和分析。

二、研究意义

大型国际体育赛事是典型的“低政治”领域的国际社会文化交流活动，也是民族国家或政府借此开展公共外交的政治平台，但国际关系学界当前对该议题的探讨仍极为有限。

本研究通过对1988年汉城奥运会筹办进程中公共外交决策和运作以及与国际奥委会和不同国家或政府政治互动的研究，在学术层面上意在揭示冷战后期大国之间的竞争从“高政治”领域进一步向大型体育赛事等“低政治”领域延伸的现象，为冷战国际史研究向80年代拓展提供了可能。

在理论层面，研究力图阐释大型国际体育赛事筹办中的公共外交在促进国际社会中“高政治”与“低政治”的互动中发挥了特定的作用。

在方法层面，本书期望验证入江昭等学者所倡导的以国际史思维为指引，将国际关系理论纳入其中进行深度个案研究的方法是可行的且有意义的。

此外，研究的结果在外交实践中有助于揭示大型体育赛事的政治化及其间复杂的互动，更好地理解不同国家或政府之间的关系和相互影响，为政府在大型体育赛事或相关活动中的行为决策提供借鉴和指导；同时，文章基于理论分析所形成的针对大型体育赛事筹备的公共外交分析框架，也包含一定原创性，可作为民族国家或政府，特别是非大国的国际社会行为体借助体育赛事等“低政治”文化交流活动实施公共外交的行动指南。

第二节　研究方法与主要创新点

一、研究方法

本研究主要采取定性或质性研究（qualitative research）的方法。该方法意在通过非统计程序或其他量化方法来获得研究发现的任何类型的研究，它虽然不排斥对部分数据的量化处理，但研究以诠释性的分析为主。[①] 质性研究通常遵循归纳逻辑（inductive logic），开放性地探究研究问题；它强调资料的丰富、多元和详尽；重视社会语境和事件过程的呈现；个案研究较多；对研究结果的叙述主要为文字描述。

与量化研究相比，质性研究并不预先设定可操作性的变量，而是在研究进程中逐步明确研究焦点、形成概念架构；它偏重于文化和现象学的探讨，是一种对社会现象更为整体和深入的理解过程，研究通常比较耗时。由于质性研究中的诠释者是具有主观性的研究者，因此常受到量化研究中所强调的信度、效度问题的质

---

① Juliet Corbin and Anselm Strauss, *Basics of Qualitative Research: Techniques and Procedures for Developing Grounded Theory*, SAGE Publications, Inc, 2014.

疑，研究者需要重视收集适切数据、整合多种方法、不断稽核数据，避免先入为主，以数据为依托进行低推断性叙述，提升诠释的真实性和可靠性①。

国家能够成功举办大型体育赛事涉及复杂的“国家与国家”“国家与社会”“国家与大众”“国家与文化”的互动。研究现象本身难以简化的特性适宜采用质性方法进行理解。具体而言，本书在历史叙事过程中采用的研究方法包含了（但不限于）深度个案分析、历史分析以及话语分析等方面。

1. 深度个案分析（in-depth case analysis）

深度个案分析是本研究采用的一个重要方法。个案研究是社会科学主题的研究经常采用的研究方式，其研究的主体是有界限的系统。麦瑞尔姆（Sharan B. Merriam）指出，“个案具有特定、描述和启发性三项特征。特定性是指个案研究探讨的是特定且有范围的现象；描述性是指个案研究的报告会对现象做丰富而厚实的描述；启发性是指个案研究报告能让读者对现象有更深入的理解，从中发现它的意义，扩展他们的经验。”②

依据研究目的，个案分本质型（intrinsic）、工具型（instrumental）和集体型（collective）三种。③ 本研究所采用的1988年汉城奥运会的个案属于工具型个案。要对历史事件追根溯源或至少能够尽量深入地分析，需要花费时间参照事件发生时期原始的资源，这其中包括以各种介质保存的原始文件，也包括当事人传记

① 详见 Joseph A. Maxwell，“Understanding and validity in qualitative research,” *Harvard educational review*，Vol. 62，No. 3，1992；John W. Creswell，*Qualitative inquiry and research design：Choosing among five approaches*，New York：Sage publications，2012 等。

② Sharan B. Merriam，*Qualitative Research and Case Study Applications in Education：Revised and Expanded from Case Study Research in Education*，San Francisco：Jossey-Bass，pp. 26－43.

③ Robert E. Stake，*The Art of Case Study Research*，SAGE publications，Inc.，1995，p. xi.

等相关出版物[①]。本研究即力图依托相应原始资源，以汉城奥运会的筹办这一政治意味鲜明的事件为个案，深入探究国际大型活动中诸多行为体的互动，发现可能被忽略的过程细节和意义。

2. “国际史”分析（international history analysis）

尽管采取历史叙事的方法，本研究倾向于遵循“国际史”的研究指导，首先强调对多国、不同语言历史数据的充分收集和对比利用，其次着重于“国家与社会、国家与大众、国家与文化”的互动分析，从而全面描述这场由诸多行为体共同参与和促成的国际大型盛会。

与历史类文献通常采用的以时间顺序从单一国家角度进行描述的国别研究不同，“国际史自从90年代末由美国史学界提出以来，已有近20余年的历史，跨学科、跨国别，兼容并包，融会贯通是其最大的特点”[②]。在全球化不断推进以及国际关系研究出现对象和方法危机的双重触动下，外交学，特别是公共外交研究出现了文化转向，“国际史”的思维理念被相应提出。哈佛大学国际史教授入江昭（Akiya Iriye）是该转向最早的倡导者之一，其日、美文化结合的特殊身份使其在历史研究中能够摆脱当时多数学者以美国为中心的研究传统，依托多国档案，即“国际史”的思维，在权力视角之外还从文化视角分析外交史。他提出“在国际关系领域，所谓文化可以被定义成交流，从文化视角分析国际关系，关注的是国家内和国家间的交流”，即“从梦想、期望以及其他一些人类观念的表征方面分析国际事务”。[③] 在其对中美日关系史的诸多探讨中，他力图对导致战争和冲突的多方因素进行全面的梳理，

① Marc Trachtenberg, *The Craft of International History: A Guide to Method*, Princeton, New Jersey: Princeton University Press, 2006, pp. 140 – 168.

② 徐国琦：《“会当凌绝顶，一览众山小”——国际史研究方法及其应用》，《文史哲》，2012年第5期，第5页。

③ Akira Iriye, “Culture,” *Journal of American History*, Vol. 77, No. 1, 1990, p. 99.

他认为不能仅从权力的争夺、经济的相互依赖的二分角度来探讨冲突或和平的问题，现实当中还需考虑“信仰”的情况，他注意到“选择追求权力或强调经济利益，取决于对文化以及文化是世界的关系持有何种假设”①。他认为文化方面的因素虽然不能在最初阻止战争的发生，但却是战后双方能迅速和解达成共识走上发展之路的基础。他提出对外交史进行文化解读时要统筹考虑文化基础、文化交往和全球意识三个方面。在他看来，“国家既是一个权力体系、一个经济体系，也是一个文化限定的实体，是由拥有共同记忆、梦想、态度和价值的人构成的，尽管个体会有观点、期望的差异，但一些‘伦理—想象内核’或称为核心价值是与别的国家不同的”②。因此，国家间的理解和敌对不仅仅要考虑安全、贸易问题，还需要考虑人们观念模式的不同。他也提倡超越国界去关注自由、人权、环保等全球关注问题。在入江昭看来，对历史事实的解释并非唯一，历史认识是“过去与现在的对话”，但不能以自我为中心，尤其是在全球化的今日世界，要有跨越国境的历史认识，努力寻求共享历史。张曙光在对中国国际关系研究体系的探讨文章中特别提到了入江昭的研究，他认为“入江昭通过分析美国20世纪频频介入国际（特别是东亚）冲突的渊源，提出文化——主要表现为代代传承的价值体系（values）、信念（beliefs）和历史意识（historical consciousness）——应是除权力和经济之外驱动国际冲突、解决冲突行为的第三大动力，因而可以成为一个新的分析范式”③。本研究依托国际史的视角，以期深化对

① Akira Iriye, “The Internationalization of History,” *American History Review*, Vol. 89, No. 1, 1989, p. 6.

② Akira Iriye, “Culture,” *Journal of American History*, Vol. 77, No. 1, 1990, p. 101.

③ 张曙光：《冷战国际史与国际关系理论的连结——构建中国国际关系研究体系的路径探索》，《世界经济与政治》，2007年第2期，第13页。

汉城奥运会背后公共外交运作中各影响要素更为细致、全面的解读。

本研究的材料搜集选择了以核心语料为依托，在细读的基础上不断以核心语料为议程指引，逐步拓展的方式进行。

本研究最核心的原始档案资料（primary documents）有三个：其一是新近解密的由国际奥委会保存的关于1988年汉城奥运会的源文件（*HPPPD*），时间跨度为1983年8月19日至1988年9月10日。这批解密的档案共65份，包含是次奥运会的情报、报告、通信以及会议记录等，是“朝鲜国家档案项目”（North Korea International Documentation Project，NKIDP）的部分成果，由多国学者共同合作完成。其二是1988年汉城奥运会的官方报告（上卷）[①]（Official report：Games of the XXIVth Olympiad Seoul 1988，vol. 1）。依据国际奥委会的要求，奥运会结束后主办方需要提交一份详尽的报告留存。汉城奥运会的官方报告分上下两卷，与本研究关联的上卷介绍了大赛完整的组织和规划过程[②]，共864页，图文并茂，是从韩国视角审视本届奥运会的一手资料。同步搜集的还包括《奥林匹克宪章》[③] 1979—1989年版以及最新的2015年版。其三是最新公布的美国政府外交关系档案（*FRUS*）。该系列数据由美国国务院历史文献办公室负责整理，汇集了美国政府主要对外

---

① 汉城奥运会的官方报告有英语、法语、朝鲜语三种语言版本，本研究参考的是英语版。报告分上下两卷，上卷关于组织和规划，下卷是竞赛概述和成绩结果。

② 该官方报告上卷共32章，包括获得奥运会举办权（Award of the Games of the XXIVth Olympiad）、赛事组委（The Seoul Olympic Organizing Committee）、政府支持与民众参与（Government Support and People's Participation）、国际合作（international cooperation）、安全（security）等详尽的记录。

③ 《奥林匹克宪章》自产生以来就在不断修订完善，1979年至1989年间共有十个版本的宪章：分别为Olympic Charter 1979、Modification to the Olympic Charter 1979、Olympic Charter Provisional 1980、Olympic Charter 1982、Olympic Charter 1983、Olympic Charter 1984、Olympic Charter 1985、Olympic Charter 1987、Annexes to the Olympic Charter 1988、Olympic Charter 1989。

政策决定和外交关系的官方记录。本书参照的是卡特政府时期的美国公共外交档案以及里根总统 1986 年 10 月至 1989 年 1 月的对苏关系档案。

在使用最新解密的原始档案的同时，本研究也尽最大可能收集了“第二手”资料。首先，参与者和当事人的回忆录和传记，包括：朴世直所著《我策划了汉城奥运会》；庞德（Richard W. Pound）的《五环降临韩国：1988 年汉城奥运会背后的秘密谈判》（*Five rings over Korea：the secret negotiations behind the* 1988 *Olympic games in Seoul*）；文森特·勒孔特著，张秀萍、张庆文译《汉城奥运会内幕：1988 年奥运会申办和筹备纪实》；萨马兰奇（Joan Antoni Samaranch i Torelló）著，孟宪臣译《萨马兰奇——奥林匹克回忆》；米勒（David Miller）著，梁丽娟译《萨马兰奇与奥林匹克》；周阿堡所著《萨马兰奇传》；以及窦应泰所著《卢泰愚传》。其次，考虑到公共外交的重要方面为国际传播，特别是大众传播，本研究参考的新闻报道的媒体包括：美国《纽约时报》（*New York Times*）（1979—1989），英国《泰晤士报》（*The Times*）（1979—1985），加拿大《环球邮报》（*The Globe and Mail*）（1979—1989），中国《人民日报》（1979—1989）以及新华社多媒体数据库（1979—1989）。

3. 话语分析（discourse analysis）

在本书的个案探讨中，基于档案数据客观的“叙述”贯穿始终，是呈现和解释本研究目标的主要方式。档案、文献、记录等都是以语言形式呈现的话语（discourse）。通常认为，话语包括会话（conversation）和文本（text）两类，是人类言语表达、行动、思考、感觉和价值观的综合体。本研究力图在采用个案研究和国际史研究方法的同时辅以“话语分析”作为研究方法的补充。

批评话语分析兴起于 20 世纪八九十年代，是在使用现代语言学方法研究文学以及其他形式话语过程中发展而成的一种语言研究方法。与同时代主流语言学非历史（ahistorical）的、自治（autonomous）的、以句子或小句为研究重心的高度形式化、结构化的语言研究不同，批评话语分析强调人的社会属性，认为语言是特定社会、历史语境下的产物，“旨在透过表面的语言形式，揭露意识形态对话语的影响，话语对意识形态的反作用，以及两者是如何源于社会结构和权势关系又是如何为之服务的”①。目前，批评话语分析的理念和方法也为政治学、传播学、社会学等诸多社会学科所接纳和使用。

在批评话语分析中，“意识形态”（ideology）是一个中性概念，泛指特定社会制度中不同群体的生活方式。该分析传统认为不同社会制度会形成不同的“意识形态—话语结构”（ideological-discursive formations），暗含着话语主体在社会环境中特定的权势、地位关系②。换言之，语言用户所使用的语言系统是建立在特定社会群体的语言习惯基础之上，展现出阶级性、地区性、机构性等差异。依此，可以做出基本假设，即在汉城奥运会问题中，主要参与方在语言表达方面也难免会呈现各自意识形态特征。汉城奥运会的档案记录当中，包含来自不同行为体的报告、信件，这些文本从各行为体自身视角出发阐明了特定观点、意见、态度，一些单独成文，一些是多个回合的交流记录，或称交互文本，都可以作为话语分析的对象。通过话语分析，可以从微观层面更为细致探究文字背后的深层意涵、增进对是次奥运会各行为体互动叙述的客观性。

---

① 丁建新：《叙事的批评话语分析：社会符号学模式》，重庆大学出版社 2014 年版，第 20 页。

② Roger Fowler, Bob Hodge, Gunther Kress and Tony Trew, *Language and Control*, London, London: Routledge & Kegan Paul, 1979; Norman Fairclough, *Critical discourse analysis: The critical study of language*, London: Longman, 1995.

二、主要创新点

本研究的创新点包括（但不限于）以下几点：

第一，探索了国际关系中研究“低政治”的视角。体育活动的“低政治”性使得其中的政治行为以及蕴含的研究价值容易被忽略。本研究以国际大型体育赛事举办前不同规模的国家之间、国家与国际体育组织之间的公共外交互动为研究视角，探讨国际大型活动筹办过程中以隐蔽方式展现的国际政治角力。在体育赛事的举办中，事件的主角是主办国，国际体育组织、利益相关国家和大国在其间发挥重要作用。

第二，使用了新近解密的汉城奥运会相关档案、美国外交档案和多国文献。国际政治的复杂性决定了不能简单地从各国或政府行为的结果参透其背后的关键性影响因素。本书在研究中参阅的源文件资料是近期解密的汉城奥运会的一组历时性记录以及美国政府外交关系档案中美苏关系档案；同一时间都有多方（包括中国、美国等）第二手文献（包括当事人回忆、媒体报道与评论以及学术研究成果等）作为参照，契合了“国际史”研究的倡导，以期最大限度地排除研究中虚假因素的影响，揭示各国行为背后接近现实的真正原因。

第三，本研究虽是以个案的形式进行的，但叙述和分析并非满足于国别分析，而是力图兼顾宏观层面的国际体系、中观层面的国家和国际组织以及微观层面的个人，在融合三个层级的互动叙述中，以综观的图景对个案进行更为全面的呈现和诠释。特别在分析公共外交如何指导、协调和促进“低政治”和“高政治”的互动方面，本书整合了相关文献以及国际关系三大研究范式与公共外交相关的理论和假设，建构了一个分析框架，以期描述和解构行为主体的行为动机、对外传播及多边沟通等政策行为。

三、章节安排

全书由绪论、正文两部分组成。

绪论主要交代了研究的背景、目的、意义，并对研究方法、数据搜集方式以及创新点进行了简要介绍。

正文部分通过六个章节逐步展开。

第一章对本书题目中包含的两个关键概念“公共外交”与“大型体育赛事”进行基本界定，并概述国内外相关研究成果以及现有研究的不足。

第二章力图从国际关系研究的三大路径出发解析公共外交，形成大型体育赛事筹办中的公共外交分析框架，并依据该框架进一步明确对汉城奥运会筹办进程中的公共外交进行阐释的具体研究问题和研究重点。

第三章至第四章以公共外交的特性和国际关系的理论为指引，依据既定分析框架和背景分析，采取综观方式，分别从汉城奥运会的主办方韩国、国际奥委会等角度，对汉城奥运会筹办进程中各主要行为体的政治互动进行叙事。

第五章探讨了大型体育赛事公共外交在当代发展中所涉及的经济利益、科技进步及新兴参与者的问题。

第六章对书中提出的研究问题进行回应，对汉城奥运会筹办进程中公共外交在围绕国际大型体育赛事这一“低政治”平台上发挥作用的行为轨迹和内在逻辑进行总结，对大型体育赛事的公共外交提出了建议，并指出未来研究进一步拓展方向。

第一章

概念界定与文献回顾

第一节 基本概念

一、公共外交（Public diplomacy）

“公共外交”，又称“公众外交”，是名副其实的“古老的现象，年轻的学问”①。在中国，其历史可以从三皇五帝时算起，在西方也可以追溯至史前野蛮部落间的交往。《孙子兵法》《伊利亚特》等中外古典著述中都不同程度展现了古代公共外交的形式与策略。虽然“公共外交”的实践和理念古而有之，但当代学者们对其关注和研究却是在第一次世界大战之后。

在经典外交学著作中，“外交是运用治理和机制处理各独立国家的政府之间的官方关系，有时也推广到独立国家和附属国家之间的关系；或者更简单地说，是指以和平手段处理国家与国家之间的关系”。② 这是对“传统外交”的典型释义，“传统外交”有时也直接被称为“政府（间）外交”。

---

① 韩方明：《公共外交概论》，北京大学出版社 2012 年版，第 1 页。

② 布思：《萨道义外交实践指南》，上海译文出版社 1984 年版，第 2 页。

"公共外交"，作为非传统外交的重要方式，在外交的受众层面与"传统外交"有显著的区别。公共外交的对象是"国际公众"而非他国政府。"国际公众"的范围非常广泛，既包括媒体、大学、智库等非政府部门机构和组织，也包含有一定舆论影响力的精英人物和普通公众这些个体。同时，"公共外交"的主体，相对于"传统外交"，层次也更为多元：一国政府仍然是"公共外交"的核心主体，但国际组织、跨国公司以及特定个人等也是"公共外交"实践的重要力量。

通常认为，"公共外交"作为一个专业术语是由美国塔弗兹大学弗莱彻法律与外交学院（Fletcher School of Law and Diplomacy, Tufts University）教授埃德蒙德·古利恩（Edmund Gullion）1965年提出的[①]。古利恩任职的爱德华·莫罗公共外交研究中心（Edward R. Murrow Center for Public Diplomacy）在早期宣传材料中对"公共外交"做了如下定义：

"公共外交指的是公众态度对外交政策形成和执行的影响，它涵盖了国际关系中超越传统外交的诸多领域：政治在他国对舆论的扶植；一国私人或利益团体与他国相关方的互动；外交事务的报道及其对政策的影响；职业外交官同国外记者的交流以及跨文化交流的过程。……公共外交的核心是信息（information）和观点（ideas）的跨国流动。"[②]

这一定义实则突出了在实践层面"公共外交"与国际传播的天然联系。国际传播，"主要是指通过大众传播媒体（即国际媒

---

① 也有说法称该术语始于1856年英国《时代》杂志，详见郑华：《新公共外交内涵对中国公共外交的启示》，《世界经济与政治》，2014年第4期；Nicholas J. Cull, "Public diplomacy before Gullion," in Nancy Snow and Philip. M. Taylor, *Routledge Handbook of Public Diplomacy*, New York: Routledge, 2009, pp. 19–23。

② About U. S. Public Diplomacy, http: //pdaa. publicdiplomacy. org/? page_ id = 6, 2016–12–14.

体）并以民族国家和国际组织为主体的跨越民族国家界限的国际信息传播及过程”。[①] 依据国际传播的理念，上述定义中传播的主体（即实施公共外交的主体）是一国政府、职业外交官、私人或利益集团等；传播的内容是信息和观点；传播的方式主要是国际媒体；传播的受众是国际公众；传播的目的是对外交政策施加影响。换言之，“公共外交”的过程，也是国际传播的过程。

然而，世界各国基于不同的国情以及时代发展，对“公共外交”的界定也在不断调整，并有所区别。美国是对“公共外交”研究和实践起步较早、成果也最为丰富的国家；中国较早涉猎该领域的资中筠、周启明、杨闯、韩召颖、唐小松、王义桅、赵可金等学者的研究工作都是始于对美国公共外交沿革与实践的评介，此后才逐步发展形成中国特有的对公共外交的理解。

美国国务院当前对“公共外交”任务的最新表述为“支持美国外交政策的目的和目标，通过告知和影响国外公众、扩大和加强美国政府和人民与世界其他地区公众关系来增进国家利益，提升国家安全”。[②] 中国当前对“公共外交”的代表性释义是“一个国家为了提高本国知名度、美誉度和认同度，由中央政府或通过授权地方政府和其他社会部门，委托本国或外国社会行为体通过传播、公关、媒体等手段与国外公众进行双向交流，开展针对全球公众的外交活动，以澄清信息、传播知识、塑造价值进而更好地服务于国家利益的实现”[③]。对比双方定义，不难发现，美国政府在经历“9·11”事件之后，对于公共外交在提升“高政治”层面安全利益的工具作用非常重视；而中国作为国际格局中的新兴

① 郭可：《国际传播学导论》，复旦大学出版社2004年版，第6页。

② Public diplomacy，https：//www. state. gov/r/index. htm，2017 - 03 - 17.

③ 韩方明：《公共外交概论》，北京大学出版社2012年版，第8—9页。

经济体和综合实力不断增强的大国，对于公共外交在增进各国理解、认同方面更为关注。换言之，中美双方面临的国际国内环境和国际权力基础的差异影响了各自对公共外交的界定。不过，两国对于公共外交是通过与国际公众在信息、观念、文化方面的互动以加强国家利益方面的认识有高度的一致性，这实则既是各国开展公共外交的政治动机，也是预期结果。

“公共外交”的外延十分广泛，如果依据内容进行分类，在当前国内外文献中还常出现“文化外交”“体育外交”“旅游外交”“议会外交”“政党外交”，以及近年来兴起的“网络外交”等多种表达形式。换言之，不同于传统政府间交涉的、有公众参与的国际交往都隶属于公共外交的范畴。

与“对外宣传”“民间外交”“公开外交”等常见政治术语内涵不同，“公共外交”重视外交主体与对象间的双向互动，而非停留在单向的宣传方面；它必须是由一国的中央政府为主导的外交行为，而非单纯的各国民众之间的交流。

二、大型体育赛事（Mega sport event）

“大型活动”（mega event），也称“重大事件”或“标志性事件”，是对事件（event）的一种功能性的划分。“大型体育赛事”即为体育领域典型的大型活动。

当前学界对“大型活动”的界定并无定论，多数定义来自于旅游、城市管理等领域，定义具有一定的主观性。比如里奇在1984年对其的定义是“出于长期或短期目的，一次性或重复举办的持续时间较短的意在提升对旅游地的认同、增强吸引力、提高经济收入的事件活动”①；王春雷将“那些规模宏大以至于影响整

① Donald Getz, *Event management & event tourism*, New York: Cognizant Communication Corp, 2005, p. 17.

个社会经济，并引起全球媒体关注的超级活动”统称为“重大事件”①。在诸多界定中，盖提兹（George Getz）的定义较具有代表性，被引率也较高：“依据规模和重要性，大型活动指代的是能为主办小区、主办地或主办组织带来较高旅游客流、媒体报道、威望或经济影响的活动。”② 马尔法斯等（M. Malfas）秉承了该界定传统，并进一步明确衡量某一活动是否属于“大型活动”需要从内、外两方面特征来看，内部特征主要是“活动的持续时间和规模（如参加和观看的人员数目、分项目的数目以及活动组织的复杂程度等）”，而外部特征“主要是参考媒体的报道量、旅游的吸引力以及活动对主办城市的影响”，因此他们将大型活动定义为“那些对主办城市、地区或国家产生重大影响的体育、商业或是文化事件”③。

也有学者从国际关系的角度理解“大型活动”，比如王洁洁结合国际政治与旅游的特征，提出“重大事件是指对国家（地区）间政治关系产生巨大影响的事情，它能改善两国（地区）的关系或直接导致两国（地区）关系恶化，并使双方出入境旅游人数（或收入）偏离本底出现明显的‘凸形峰’或‘凹形谷’”。④ 艾小勇从公共外交的角度提出，大型活动是“能吸引国际公众关注或参与，影响事件主体的国际舆论，反映大众要求的公共事件”。⑤

尽管基于不同的研究目的，学者们对“大型活动”的定义侧

① 王春雷：《基于有效管理模型的重大事件公众参与研究》，同济大学 2008 年博士学位论文，第 9 页。

② Donald Getz, *Event studies: theory, research and policy for planned events*, London: Routledge, 2012, p. 25.

③ M. Malfas, Eleni Theodoraki, and Barrie Houlihan, “Impacts of the Olympic Games as Mega-Events”. *Municipal Engineer*, Vol. 157, No. 3, pp. 210 – 211.

④ 王洁洁：《国际关系及重大事件对出入境旅游的影响》，陕西师范大学 2011 年博士学位论文，第 27 页。

⑤ 艾小勇：《重大事件中的国家形象塑造》，上海外国语大学 2011 年博士学位论文，第 35 页。

重略有差异，但不难发现，诸多定义中体现出大型活动的两项基本特征：一是规模和影响范围较大；二是能够吸引国际媒体和公众的兴趣和关注。因此，大型体育赛事可以相应被界定为：在某一集中时间内举办的具有一定规模、较高媒体关注度和影响力的体育交流活动。

依据上述解析，奥运会和世界杯等体育赛事，无论在国际社会参与度、国际媒体关注度还是在赛会对主办国的影响、赛事本身所展现的体育哲学等方面，都是国际体坛极具代表性的大型体育交流活动。同时这些大型赛事对国际公众的吸引力和影响力也适宜成为以国际公众为交流对象的公共外交举措更好抵达受众、发挥作用的平台。

第二节 相关文献综述

针对大型体育赛事的筹办以及与国际政治、公共外交的互动问题，当前国内外学界已做出了一些有益的探讨，相关研究主要体现在如下成果中：

一、体育赛事的国际政治性研究

体育运动能够强身健体，令人身心愉悦，同时鼓励正当公平的竞争，是民众喜爱的社会文化活动。相较于学术界、科学界、文艺界的文化交流，大型国际体育赛事因其竞技性和娱乐性，通常能够吸引更多的媒体报道和大众关注，从而显现出政治表达的功能，自然不会被政治界所忽略。在国际关系发展和实践的历史进程中，体育交流曾经促成国家间紧张局势的消解，也曾经激化国家间的纷争甚至是对抗。其过程实质上反映的是体育赛事的国际政治化倾向，或者是“低政治”与“高政治”的纠结和互动现象。

此类例证甚多，例如中国和美国间的“乒乓外交”、印度和巴基斯坦间的板球交流等都是其中成功的实践。以上各国借助体育运动特有的魅力促成了国家间的体育及文化交流直至政治关系的不断改善。同样，相反作用的实例也不胜枚举。洪都拉斯和萨尔瓦多1969年为争取世界杯北美区资格而进行的足球比赛因为牵动了两国民众的过激情绪，最终引发两国直接的军事行动。尽管此次战争的真正根源是两国积怨已久的土地改革和移民问题，但冲突的一触即发始于足球比赛，因此史称“足球战争”。同样，冷战时期，接连几届奥运会遭到联合抵制也再次为体育运动政治化提供了强有力的注解。正如刘桂海所说，“政治天然不是体育，但体育天然具有政治基因”，体育的“去政治化”（apolitical）只能是理想主义者心目中的期盼。[①] 中国学者王沪宁等也持类似主张：“体育政治化……各国都如此。我觉得这与人类所处的时代有关。我们处的时代是一个政治化的时代”；“人为地夸大体育的政治功能可能对体育的发展是不利的。另外，需要指出不能绝对地看问题，就是期望体育完全非政治化，这也不可能”；“我们不能光谈体育非政治化，具体应看它对社会发展，对人类发展是否有利”。[②]

虽然在国际现实中体育运动同国际政治的纠结和互动似乎是显而易见的，但国际关系学界将体育纳入研究考虑却出现较晚。据埃里森和蒙宁顿考证，在20世纪末国际关系的教材比如《国际关系经典阅读》（*Classics of International Relations*，Vasquez，1990）和《国家关系》（*International Relations*，Nester，1995）中都不曾提及

① 刘桂海：《体育内在的政治向度》，《体育与科学》，2013年第2期，第58页。

② 王沪宁、程志理、金大陆：《关于“体育政治化”的辩析——与王沪宁教授对话》，《体育博览》，1990年第5期，第34—35页。

体育的问题。[1] 泰勒早在1986年就指出国际关系领域对全球事务中的体育缺乏关注的问题，但直至21世纪初，巴德和莱弗莫尔仍将对此的探讨称作“被忽略的历史”（a history of neglect）。[2] 埃里森和蒙宁顿将这种忽视归因于在国际关系领域占据主导地位的“现实主义”和“自由主义”两大分析范式：他们认为两者对“权力”（power）或“秩序”（order）的强调促使寻求“声望”（prestige）的“体育”在国际关系研究中“被边缘化”。[3] 这种分析有一定道理。冷战的突然结束促使国际关系发生了深刻的变化，对于这些改变，处于主流地位的新现实主义、新自由主义等理论范式显示出在解释和预测方面的不足，学术界开始掀起反思的浪潮，建构主义、女性主义、软实力等诸多理论、概念不断涌现，为既有的国际事务的解释和国际关系理论发展提供了有利的补充，同时也促使研究者将国际关系研究的视域扩展到体育、电影、音乐、展会等过去鲜少触及的领域。

体育运动和国际关系间存在一种自然的联系，这同体育运动的基本特征和社会功能是分不开的。通常，世界各项体育运动都拥有共同的技术要点和规律，利于在不同民族、文化、地区进行传播、交流以及公平竞争。竞技性、公平性、娱乐性、超功利性是体育运动的基本特征。正如戈德堡（Jeremy Goldberg）所说，人们能够欣赏和理解竞争、体育精神和公平竞赛，从而开启了体育为媒介的“对话空间”，“体育能够为成绩和努力欢呼，不受国籍左右，使得它能够成为表达想法、祝愿和理解的管道”。体育是一门

---

① Lincoln Allison and Terry Monnington, “Sport, prestige and international relations,” in Lincoln Allison (ed.), *The Global Politics of Sport*, New York, Routledge, 2005, p. 6.

② Adrian Budd and Roger Levermore, *Sport and international relations: An emerging relationship*, London: Routledge, 2004, pp. 6 – 8.

③ Lincoln Allison and Terry Monnington, “Sport, prestige and international relations,” in Lincoln Allison (ed.), *The Global Politics of Sport*, pp. 7 – 9.

独特的世界通用语言，凭借着其亲民本质而具备了向社会各个领域渗透的优势①。也有学者认为“不考察体育的社会功能就不可能理解为什么体育在变化的国际关系中可以扮演矛盾的角色”②。关于体育的社会功能，学界已有一些综述性文献，并形成了一定的共识。总体上，体育运动的社会功能可归纳为六点，即文化功能、教育功能、政治功能、经济功能、娱乐功能和健身功能。其中，政治功能主要指的是体育运动对国家表明立场、态度和声望，增进与他国联系以及促进国内民众凝聚力方面的作用③。

现就职于牛津大学彭布罗克学院的埃里森（Lincoln Allison）博士是较早对体育的政治性功用关注的学者，他先后在 1986 年、1993 年、2005 年主编了三本相关文集，即《体育的政治》（*The Politics of Sport*）、《变化中的体育政治》（*The Changing Politics of Sport*）、《全球体育政治》（*The Global Politics of Sport*），收录了各时期最新的研究成果。这些论文从最早对威斯特伐利亚体系中各个国家行为体与体育互动的探讨一直延伸至非国家行为体、甚至是个人在体育交流中的作用层面，及时地记录了时代变化过程中学者们研究议题的拓展。罗登（James Riordan）等 1999 年主编的《二十世纪体育的国际政治》（*The International Politics of Sport in the Twentieth Century*）收录了 12 篇论文，从意识形态、种族、性别、工人运动等不同角度探讨了 20 世纪在奥林匹克运动会、世界杯等

---

① Jeremy Goldberg, “Sporting diplomacy: Boosting the size of the diplomatic corps,” *Washington Quarterly*, Vol. 23, No. 4, 2003, p. 66.

② H. Kyröläinen and T. Varis, “Approaches to the study of sports in international relations,” *Current research on peace and violence*, Vol. 4, No. 1, 1981, p. 55.

③ 详见 Andrzej Wohl, “Competitive sport and its social functions,” *International Review of Sport Sociology*, Vol. 5, No. 1, 1970；王建军：《浅谈体育与外交》，《外交评论：外交学院学报》，1991 年第 3 期；Peter J. Beck, “The relevance of the ‘irrelevant’: football as a missing dimension in the study of British relations with Germany,” *International Affairs*, Vol. 79, No. 2, 2003；李德芳：《体育外交：公共外交的“草根战略”》，《国际论坛》，2008 年第 6 期等。

大型体育赛事中的政治角逐。美国威斯康辛大学麦迪逊分校历史系荣休教授阿尔弗雷德·塞恩（Alfred Erich Senn）1999 年的著作《权力、政治与奥运会》(*Power, Politics and the Olympic Games*）也是该方面的力作。全书以现实主义的哲学观念系统梳理了从奥运会形成时期到布伦戴奇（Avery Brundage）时代，再到开放奥运时代的权力、政治纷争，史料翔实、剖析深入，被国际奥委会时任副主席庞德称赞为“将成为今后学者们探究奥运政治的真正起点”①。巴德（Adrian Budd）等主编的《体育和国际关系》（*Sport and International Relations*）也继续了类似的主题，借助奥运会、世界杯比赛的案例探讨资本主义、性别、国家威望等等与体育和国际政治的关联②。90 年代开始有关体育与国际政治的论文逐步增多，比如里奇和史密斯考查了 1988 年卡尔加里冬奥会的举办在美国和欧洲的影响情况，研究显示大赛举办极大提升了国际对主办方的认知度，并修正了对其的印象；③ 格里克斯和霍里汉借助德国 2006 年足球世界杯和英国 2012 年奥运会为个案，探讨了国家主办大型体育赛事对改善和提升国际形象和威望的意义；④ 卡比尔莱其通过奥运会历史上诸多典型的政治介入的回顾，明确了体育在国际政治中的工具作用，也注意到国家政策与体育运动相互影响等。⑤

---

① Alfred Erich Senn, *Power*, *politics*, *and the Olympic Games*, Human Kinetics Publishers, 1999, p. 317.

② Adrian Budd and Roger Levermore, *Sport and international relations*: *An emerging relationship*, London: Routledge, 2004.

③ J. B. Ritchie and B. H. Smith, *The impact of a mega-event on host region awareness*: *A longitudinal study*, Journal of Travel Research, Vol. 30, No. 1, 1991.

④ Jonathan Grix and Paul Michael Brannagan Grix, “Sports Mega - Events as Part of a Nation's Soft Power Strategy: The Cases of Germany (2006) and the UK (2012),” *The British journal of politics & international relations*, Vol. 16, No. 4, 2014.

⑤ Michal Marcin Kobierecki, “Sport in international relations expectations, possibilities and effects,” *International Studies. Interdisciplinary Political and Cultural Journal*, Vol. 15, No. 1, 2013.

中国学界在20世纪80年代末开始对体育与国际政治相互作用进行探讨。比如，牛兴华和李树怡认为“国际政治和国际体育的关系主要表现为‘国家利益’‘国家权力’和体育的关系”，国家利益的具体化要素是“国家威信”，国际政治与体育关系是通过“国际体育社会的合作、冲突与竞争”表现出来的。[①] 潘绍伟从宏观角度对体育与国内国际政治的关系进行了综述，认为需要深化认识其间的互动、探索其关系深化的动因、平衡利弊以适应世界格局的新变化。[②] 韩玉娟和刘桂海探讨了体育在国际关系中的角色体现，研究认为体育与政治在本质上相通，“体育可以为政治提供资源，同时也可以获得自身的发展”。[③] 北京奥运会的成功申办和举行引发了中国国内学界对体育与国际政治的研究热潮。相关研究多集中在对政策和影响的探讨方面，如王建国和王芬的《国际政治关系诸因素变化对我国承办2008年奥运会的影响与对策研究》[④]、刘江永的《奥运会对东北亚国家的影响——以北京奥运会为中心》[⑤] 等。

总体来看，国内外学者从20世纪末开始纷纷关注体育与国际关系的互动，体育视角拓展了学界对国际关系本质的理解。奥运会、足球世界杯等国际重大赛事通常是国内外学者从不同视角立论的媒介。国内学者的探讨以综述类文章居多，其次是从自身国别角度出发对体育运动和大赛影响进行探讨。相较而言，国外学者关注的群体和话题更为广泛，从传统的政治、安全到非传统的

---

① 牛兴华、李树怡：《当代国际政治和体育》，《体育科学》，1988年第3期，第13页。

② 潘绍伟：《揭开历史迷障 开拓体育前程——体育与政治关系综述》，《体育学刊》，2001年第4期。

③ 韩玉娟、刘桂海：《论体育在国际关系中的角色体现》，《体育文化导刊》，2013年第10期，第158页。

④ 王建国、王芬：《国际政治关系诸因素变化对我国承办2008年奥运会的影响与对策研究》，《北京体育大学学报》，2004年第1期。

⑤ 刘江永：《奥运会对东北亚国家的影响——以北京奥运会为中心》，《东北亚论坛》，2008年第5期。

种族、性别等问题都有讨论。

二、大型体育赛事的公共外交行为研究

体育是一种深受各国公众喜爱的文化活动，是国家软实力的重要组成部分，也是各国公共外交的首选工具。体育作为公共外交的分支，常常直接以“体育外交”（sport diplomacy）称之。中国2005年出版的《世界外交大辞典》中就收录了“体育外交”词条，定义为“对一国体育部门或体育界旨在促进国家间关系所进行的对外体育交往和交流的一种提法”①。

目前，学者们对于体育外交的作用已经形成普遍共识。诸多研究肯定了体育外交是一种国家软实力的展现，它开拓了各国政治的“对话空间”，在改善国家间关系，推动各国民众交流理解，增进互信，树立国家品牌，促进世界和平方面发挥着积极作用。②“奥运外交”“世界杯外交”“乒乓外交”等诸多成功案例经常被用于佐证以上观点。同时，也有学者从国际体系整体环境的改变角度探讨国家行为。比如，有研究表明：全球化时代，国家鲜少采用冷战时期经常使用的抵制参加重大赛事的外交方式来向世界传达不同政治态度。③ 还有研究是探讨利用国际体育赛事进行公共

---

① 钱其琛：《世界外交大辞典》，世界知识出版社2005年版，第1999页。

② 详见 Lincoln Allison, *The Global Politics of Sport*, New York, Routledge, 2005；李德芳：《体育外交的作用及其运用——以北京奥运会为例》，《现代国际关系》，2008年第10期；Victor D. Cha, *Beyond the final score*: *The politics for sport in Asia*, New York: Columbia University Press, 2009. Steven J. Jackson and Steven Haigh, *Sport and foreign policy in a globalizing world*, London: Routledge, 2013；Håvard Mokleiv Nygård and Scott Gates, "Soft power at home and abroad: Sport diplomacy, politics and peace-building", *International Area Studies Review*, Vol. 16, No. 3, 2013；M. Ushkovska and T. Petrushevska, "Sports Diplomacy: Development and Practice", *Research in Kinesiology*, Vol. 43, No. 1, 2015。

③ 参见 Ralph N. Clough, *Embattled Korea*: *The Rivalry for International Support*, Boulder: Westview Press, 1987；Erin Elizabeth Redihan, "Winning hearts and medals: The Olympics and the Cold War, 1948 – 1968", Doctoral dissertation, Clark University, 2015。

外交的前提条件，认为国际体育赛事在参与主体、参与对象以及信息传播方式等方面与公共外交的高度契合，都适合将公共外交理念植入其中①。

除了综述性的文献，个案研究在体育与公共外交的讨论中也取得了一些成果。主要包括从国别角度出发的历时研究以及不同国家体育外交成果的对比研究。

常智和罗英杰对1949年新中国成立以来不同历史阶段的体育外交特点、影响因素以及中国体育外交的发展前景进行了梳理，得出由于国际形势、综合国力、国内政策和本国文化特色等诸多因素的作用，中国与国际社会交流的广度和深度都在不断发生改变。② 阿贝尔（Jessamyn R. Abel）以1964年东京奥运会为个案，分析了日本积极筹划和准备此届奥运的鲜明政治背景，描述了日本如何通过政府参与大赛流程、兴建高科技国际水平的基础设施、培养国际化的新日本人三大体育举措实现了让其摆脱第二次世界大战战败国阴影，重新融入国际社会、发展经济、构建积极的国家形象的目标。③ 布兰廷等的研究叙述了科索沃在独立后通过体育赛事、加入体育组织推行现代公共外交的努力，认为其在2014年成为国际奥委会正式成员并能参加2016年里约奥运会对于这个2008年刚宣告独立的有争议的国家具有重要的象征意义，有助于其在国际社会展示形象、赢得更多承认④。

---

① 梁婷婷、朱洪军：《国际大型体育赛事公共外交模式》，《武汉体育学院学报》，2012年第11期。

② 常智、罗英杰：《新中国体育外交的历程、影响因素及发展前景》，《体育科学》，2004年第9期。

③ Jessamyn R. Abel, "Japan's Sporting Diplomacy: The 1964 Tokyo Olympiad," *The International History Review*, Vol. 34, No. 2, 2012.

④ Dario Brentin and Loïc Tregoures Brentin, "Entering through the sport's door? Kosovo's sport diplomatic endeavours towards international recognition," *Diplomacy & Statecraft*, Vol. 27, No. 2, 2016.

卡特等采用了对比分析方法，探讨了20世纪70年代和90年代美国分别与中国和古巴间进行的“乒乓外交”以及“棒球外交”的不同境遇。前者结束了中美两国20余年的人员交往隔绝局面，开启了中美关系的新时代，是国际关系领域引用率极高的经典案例；而源于相同初衷的后者却惨淡收场。作者借助对美国国家安全档案和刚刚解密的美国中央情报局档案的评析，发现是美国同中国以及古巴不同层面的利益和权力关系、国内政治、体育实力等诸多历史因素影响了最终的外交决策①。温显娟的研究关注到了冷战时期体育软实力在美苏争斗中的工具作用。她认为“体育文化外交”也是冷战时期“交流最活跃、对抗最激烈的一种文化交流形式”，美苏两国将体育作为衡量和宣扬国家威望的重要方式，十分重视体育能力建设，并都制定相应政策促进国内体育能力的发展，形成了在诸多体育项目中的绝对优势，双方在不断的体育竞争交流中实践了各自的国家利益。②

与本研究所要探寻的大型体育赛事申办和筹备进程中的政治化问题略有不同，这些研究注重的是体育交流变迁过程的叙述以及体育交流影响的研究。不过，对历史档案的充分利用、对历史背景的高度重视、从国家体育政策角度探寻国家融入国际社会的思路都值得本研究借鉴。

此外，需要注意的是尽管举办大型体育赛事等活动的动机通常是塑造积极的国家形象，让公众将对活动本身的良好印象和联想转移至举办国之上，为改善或拓展同国际社会的联系奠定基础，但其中并不存在必然的正向因果关系。诸多研究显示，国际舆论负面的反应会损害公众对该国态度，比如李莹等对大型赛会的问

---

① Thomas F. Carter and John Sugden Carter, “The USA and sporting diplomacy: Comparing and contrasting the cases of table tennis with China and baseball with Cuba in the Carter 1970s,” *International Relations*, Vol. 26, No. 1, 2012.

② 温显娟：《美苏体育外交初探》，《外国问题研究》，2015年第1期。

卷调查显示“成本规模巨大并不必然意味着这种活动会在形象转移上有更好的效果”，应该“尽量选择更具有正面评价可能性的事件”，公众才更可能“将这一正面评价转移到举办国形象之上”①。可见，大型国际赛事的成功举办在国际舆论层面离不开积极的公共外交举措。

三、国际奥林匹克运动的政治化倾向研究

奥运会是全世界的体育盛典，也是奥林匹克运动最主要的表现形式。它规模宏大、定期举行，在现代社会的发展历程中，没有哪项体育赛事能像奥运会一样拥有这样悠久的历史传统和在国际社会的广泛认可度。奥运会同其他体育赛事最主要的区别就在于它并非满足于赛会本身，而是追寻着奥林匹克运动的传统和精神，并形成了自身所独有的生活哲学。《奥林匹克宪章》（Olympic Charter）规定，“奥林匹克运动（Olympism）秉承身体（body）、意志（will）与精神（mind）三位一体均衡发展的生活哲学。谋求将体育融入文化和教育中，创造一种在努力中求欢乐、发挥良好榜样的教育价值并尊重基本公德原则为基础的生活方式。”② 这种对世界、对生活的认知成为奥林匹克运动得以发展和壮大的基础。有研究评价，“奥林匹克作为一种世界文化，是全人类共有的道德价值体系。它的形式外壳是竞技游戏，而其思想内核是体现美和尊严的理念。奥林匹克道德规范体系作为指导人们行为、维护社会秩序的准则，更多地展示了人类对真、善、美价值的追求，同时为人类社会的进步，为国际体育的健康发展提供了一个良好的

---

① 李莹、林功成、陈霓：《大型事件对国家形象建构的影响——基于对北京奥运会和上海世博会的问卷调查》，《新闻与传播研究》，2014 年第 8 期，第 12 页。

② https：//stillmed. olympic. org/media/Document% 20Library/OlympicOrg/Olympic-Studies-Centre/List-of-Resources/Official-Publications/Olympic-Charters/2015 – Olympic-Charter. pdf，2016 – 12 – 25.

道德环境。”①

《奥林匹克宪章》明确规定“奥运会是在个人或团体赛事中运动员间的竞赛，而非不同国家间的竞争”，国家奥委会的成员是国际奥委会在各国的代表，“他们有行动和投票自由，不受政府、组织和其他团体的干扰”，但在奥林匹克的现实发展历程中，政治总是相伴左右。在1936年柏林奥运会、1976年慕尼黑奥运会、1980年莫斯科奥运会、1984年美国洛杉矶奥运会等诸多大型赛事过程中，往往都是政治新闻和体育新闻交织在一起。尤其是1988年的韩国汉城奥运会上，由于涉及“社会主义阵营”与“自由主义阵营”、韩国与朝鲜等多个国际、地区问题而成为各国国际关系的“战场”。

现代奥林匹克运动自1896年诞生以来，就难掩其与政治的关联。“奥林匹克之父”顾拜旦（Baron de Coubertain）为现代奥林匹克运动的复兴四处奔走，但其最初动力却是来自于希望法国年轻人走出法德战争失败的阴霾重新振作的爱国热忱。可贵的是，顾拜旦并未止步于民族主义情绪，而是进一步提倡一种各族人民在体育竞赛中的友好交流。只是政治与奥运会的相互影响依然存在。《奥林匹克宪章》是现代奥运组织运作的依据。根据《奥林匹克宪章》，国际奥委会除了要组织奥运赛事之外，还肩负着鼓励和提升体育道德、体育教育和体育管理，保证大赛公平无暴力，服务民众，促进和平等使命，同时又肩负着反对歧视，推动比赛男女平等，反对体育运动员滥用药物等任务。这些任务的设定本身就具备一定的政治性，因此也不难理解为什么奥林匹克运动总与政治牵涉难分。现代奥林匹克运动的发展得益于这个相对独立并拥有自身协调运作机制的组织。成立于1894年的国

① 课题组：《新中国体育与奥林匹克运动双向驱动发展研究》，人民体育出版社2006年版，第133页。

际奥委会是当前世界上具有最高权威、影响最大的国际综合体育组织，它有权决定举办奥运会的城市、决定比赛项目、选举委员等。正是这种对奥运会拥有的权力也招致了对国际奥委会本身的争议。国际奥委会虽然宣称去政治化、政府间合作，坚持所有的决定依据奥林匹克的原则和精神是正确和妥当的，但在实践中，政治总是牵涉其中。国际奥委会前主席萨马兰奇（Juan Antonio Samaranch）也曾表示："他每天处理的问题90%是政治问题，10%是体育问题。"[①]

李卞婴等[②]和马振岗[③]分析认为奥林匹克与国际政治同属社会文化现象，奥运会的宏大规模和影响必然吸引世界各种政治势力借此展示力量、表明政治态度，并指出奥林匹克运动希望通过体育交流来促进世界团结、和平、进步的最高目标本身就具有政治意图。肖平的《国际政治博弈中的现代奥林匹克运动》[④]、乔玉成和许登云的《论体育的政治化倾向——以现代奥林匹克运动会为例》[⑤] 等都做了类似论述。香港学者徐国琦教授的英文专著 *Olympic Dreams*（2008）[⑥] 以中国百年的奥运梦为主题阐释近代中国人怎样利用体育运动来改变中国人的命运，以及参与国际化的行为轨迹，是探讨奥林匹克运动与国际政治关系的典型个案研究著作。霍里汉等认为现代奥运会的发展与国内国际政治紧密相关，是国家间外交的平台，具有特别的政治象征意义，在政治表达方面具

---

① 塞恩著，贡娟等译：《权力、政治与奥运会》，北京体育大学出版社2008年版，序1页。

② 李卞婴、樊奇：《奥林匹克运动与政治的关系》，《武汉体育学院学报》，2003年第2期。

③ 马振岗：《奥运政治与奥运"政治化"之辨》，《人民论坛》，2008年第15期。

④ 肖平：《国际政治博弈中的现代奥林匹克运动》，《西南民族大学学报：人文社会科学版》，2006年第11期。

⑤ 乔玉成、许登云：《论体育的政治化倾向》，《体育学刊》，2009年第7期。

⑥ Xu Guoqi, *Olympic Dreams: China and Sports*, 1895 - 2008, Harvard University Press, 2008.

有高能见度、低成本、低风险的特征，并以伦敦 2012 年奥运会为例，集中考察了奥运会筹备进程中在安全问题的处理以及其对英国安保能力发展的意义①。赫迪汉利用历史档案和媒体报道对 1948 年至 1968 年间的奥林匹克运动进行了描述，发现该时期奥运会所表现出的美苏双方对奥运奖牌的竞争实际反应的是冷战初期双方在文化和意识形态领域的激烈争夺，并认为此时奥林匹克运动虽然在积极宣扬去政治化，但实则受益于美苏争霸而促进了自身发展②。

四、汉城奥运会的相关研究

关于汉城奥运会的相关著述主要出现在对奥林匹克运动以及对韩国体育发展两类问题的研究文献中。

在奥林匹克运动的教材、历史著述中，汉城奥运会是常驻的章节或内容，但这类文献多数停留在对赛事准备和比赛结果及影响的概略式介绍上，而非对其背后深层根源的挖掘。该类论述中对汉城奥运会的各方纷争进行较为全面描述的代表性成果是塞恩（1999/2008）的《权力、政治和奥运会》。该著作以东欧国家史料为支撑，对汉城奥运会中涉及的政治和权力互动进行了诠释，虽然篇幅不大，但视角独到，利于加深对相关内容的理解。

汉城奥运会相关研究论文数量虽不多，但呈现出许多有价值的发现。李的研究认为 20 世纪 90 年代之前的现代奥林匹克运动中展现出一种体育民族主义，也就是国家至上的政治哲学，这在东西

① Barrie Houlihan and Richard Giulianotti, “Politics and the London 2012 Olympics: the (in) security Games,” *International Affairs*, Vol. 88, No. 4, 2012.

② Erin Elizabeth Redihan, “Winning hearts and medals: The Olympics and the Cold War, 1948 - 1968”, Doctoral dissertation, Clark University, 2015.

方冲突的背景下十分显著，但从汉城奥运会开始，伴随着国际政治的缓和，此种体育民族主义将会有不同的表现。[①] 科特雷尔和内尔森将汉城奥运会纳入了奥林匹克运动发展历程中抗争政治的讨论，以汉城奥运会中朝鲜等国家的抵制以及学生运动为此观点提供例证。[②] 曼海姆将汉城奥运会比作韩国的“成人仪式”（rites of passage）。他的研究选择了类似人类学的研究方式，在大赛前后对韩国进行了三次实地考察，并对相关官员进行访谈（如韩国负责对外交流、外交政策的官员，美国国务院韩国问题专家以及对该届奥运会公关问题的美国顾问等），从而总结出 1988 年奥运会全斗焕政府的经济、政治目的，并将之理解为韩国公共外交的组成部分；他认为此届奥运会显示了“奥运会确实是浓烈的政治符号”，外界和媒体的关注成为了国内和国际交流的催化剂，在主办国无法控制的情况下促成了国内政治的变革。[③] 而金（Bang-Chool Kim）的研究集中探讨了韩国 1961 年至 1992 年间几任政府的体育政策，归纳认为韩国在此阶段的体育政策表现为政治驱动和体育与政治的相互影响，体育被用以提升自身国内外形象，并凝聚国内人心；指出汉城奥运会是全斗焕政府时期最重要的体育举措，为韩国国内政治、经济、社会文化以及地缘政治的诸多变化提供契机。[④] 文章意在通过对体育政策的详细描述来强调体育对政治和新国家构建中的积极联系。何（Woong Yong Ha）概要式地叙述了

---

① Jong-Yong Lee, “Sport nationalism in the modern Olympic Games”. Doctoral dissertation, University of Nothern Colorado, 1990.

② M. Patrick Cottrell and Travis Nelson Cottrell, “Not just the games? Power, protest, and politics at the Olympics,” *European Journal of International Relations*, Vol. 17, No. 4, 2010.

③ Jarol B. Manheim, “Rites of passage: The 1988 Seoul Olympics as public diplomacy,” *Western Political Quarterly*, Vol. 43, No. 2, 1990.

④ Bang-Chool Kim, “Sport, Politics and the New Nation: Sport Policy in the Republic of Korea (1961 – 1992)”. Doctoral dissertation. The Ohio State University, 2001.

汉城奥运会从申办到举办历程中所面临的问题和各参与方的态度和行动。① 曼根等的研究侧重描述和分析了韩国体育发展与第二次世界大战后韩国政治、经济、文化和社会发展不同程度的内在关联，认为从60年代开始朴正熙、全斗焕、卢泰愚三任政府总统政策一致，持续注重政府主导体育教育体系、政府与非政府机构共同推动促进精英体育建设，以精英体育带动大众体育发展，有效提高了韩国的体育能力，属于体育人文史的研究。② 赵（Hyunjoo Cho）探讨了朝鲜半岛南北双方在1978年至2007年体育外交的情况：研究以建构主义理论为依托，以话语分析为方法，对朝鲜《劳动新闻》(*Rodong Sinmun*)、韩国右翼报纸《东亚日报》（*Dong-A ILbo*）与左派报纸《民族日报》（*Hank Yoreh*）进行了分析，探讨了国际体育赛事、体育外交在南北关系演进中的作用，展现了大众传媒对韩国体育外交成效的认识。③

五、多学科视角下的大型体育赛事相关事宜研究

大型体育赛事的成功筹办涉及到人才、设施、软件、硬件、宏观管理、技术细节等不同领域、不同层面事务的协调配合。伴随着国际大型体育赛事数目的增长，这些具体领域的研究成果也在不断攀升。其中管理学、经济学、传播学以及特定技术领域的研究是近十余年中相关研究的主体。这些文献，虽然未将公共外交作为研究的切入点，却从自身学科视角为观察体育领域公共外交

① Woong Yong Ha, "Korean sports in the 1980s and the Seoul Olympic Games of 1988," *Journal of Olympic History*, Vol. 6, No. 2 (Summer, 1998).

② Namgil Ha and Mangan, "Ideology, politics, power: Korean sport transformation, 1945 - 1992," in Fan Hong and J. A. Mangan, *Sport in Asian society: past and present*, New York: Routledge.

③ Hyunjoo Cho, "International sporting events, nationalism and sport diplomacy", Doctoral dissertation, Loughborough University, 2013.

的实施方式和侧重提供了的细节线索。

赛事管理是当前管理学科的新兴研究领域。邢尊明[1]基于对西方主要发达国家赛事管理模式以及中国当前大赛管理相关举措的考察，提出大型体育赛事管理需要通过“组织模式”和“运行管理模式”分离的方式进行优化，合理有效进行赛事资源配置和利用，以实现赛事管理重心由前期准备向后期管理过渡的体育赛事管理“场馆化”模式。风险管理问题也是该领域的研究热点，自然风险、时间风险、人员伤害风险、财务风险、政治风险等都会不同程度影响大型体育赛事的顺利召开，对此学者们从机构设置、人才培养、制度建设、应急预案设定等方面提出了应对策略[2]。人力管理是该领域的又一研究关注，代表性的研究如闻兰[3]综合运用文献梳理、专家访谈、层次分析、系统分析等研究方法，从理论与实务两个层面考量，形成了一套包括聘用、培训、绩效管理、转移遣散等诸多环节的赛事指导框架。高文景的研究[4]以促进中国体育事业良性发展、树立从体育大国向体育强国转变的良好国家体育形象为目标，系统梳理了大型体育赛事的赛风赛纪建设现状、问题以及对其进行有效监督的意义，并构建了“大型体育赛事赛风赛纪监督机制理论模型”。部分学者将研究聚焦在赛事筹办流程中某一领域的单项管理问题，如刘茂玲[5]重点分析了大型赛事期间

① 邢尊明：《我国大型体育赛事优化管理理论与实证研究》，福建师范大学 2008 年博士论文。

② 参见周旺成：《大型赛事风险及管理的研究》，北京体育大学 2008 年博士学位论文；刘亚云、范成文：《大型体育赛事突发事件预警管理指标体系的构建》，西安体育学院学报，2010 年第 5 期；刘猛猛：《我国体育赛事风险管理的分析与对策》，《统计与管理》，2017 年第 5 期等。

③ 闻兰：《大型体育赛事人力资源管理理论与实务研究》，天津大学 2010 年博士学位论文。

④ 高文景：《我国大型体育赛事赛风赛纪监督机制研究》，上海体育学院 2016 年博士论文。

⑤ 刘茂玲：《2010 年广州亚运会传染病疫情风险分析及防范措施》，《中国公共卫生管理》，2009 年第 6 期。

重大传染病疫情风险管理举措、鄢长安[①]特别关注了大赛的应急物流管理的调控策略、殷小川和田惠芬[②]探讨了大赛中志愿者的管理工作，而金雅玲[③]对大型综合赛事语言服务中的口译项目的过程管理进行了实例分析，并提出了相应的完善建议。

经济学领域对大型体育赛事的考量主要包括对赛事市场化本质以及商业化运作和经营的探讨、对国内外主要体育赛事经济影响的评估，以及对体育作为新兴产业发展前途的讨论。[④] 旅游经济在诸多研究中占有较大的比重，如周艳丽等[⑤]分析了澳大利亚在21世纪初制定的几份旅游发展战略相关文件，注意到2000年举办的悉尼奥运会有效促动了澳大利亚的体育旅游行业；李天元和陈家刚[⑥]从营销学的角度分析了大型体育赛事的旅游功效并非局限在“游客接待量、旅游收入、旅游设施的增建数量、旅游服务设施利用率”等指标变化方面，而是需要结合自身条件针对特定旅游市场关注旅游资源和产业的开发。

大型体育赛事的熟识度、美誉度、感召力的实现离不开有效的传播，当前在理论和技术层面都已有相关研究成果问世。曹亚东[⑦]

---

① 鄢长安：《大型体育赛事物流应急事件的动态调控》，《沈阳工业大学学报（社会科学版）》，2014 年第 2 期。

② 殷小川、田惠芬：《大型体育赛事志愿者的动机分析与 2008 北京奥运会志愿者的管理对策》，《首都体育学院学报》，2006 第 1 期。

③ 金雅玲：《我国大型体育赛事口译项目管理研究》，《体育文化导刊》，2013 年第 5 期。

④ 参见孔庆鹏：《大型体育竞赛的商务运作和经营开发》，《体育与科学》，2004 年第 4 期；王华、李南筑：《国外体育赛事经济影响评估研究现状》，2008 年全国体育产业学术会议；颜鸿填、龙秋生：《大型赛事对城市经济产生的乘数效应研究》，《广州体育学院学报》，2011 年第 2 期。

⑤ 周艳丽等：《澳大利亚体育旅游发展战略研究》，《体育文化导刊》，2005 年第 8 期。

⑥ 李天元、陈家刚：《体育旅游资源开发及营销》，《旅游科学》，2006 年第 6 期，第 42 页。

⑦ 曹亚东：《大型体育赛事与传媒融合的研究》，《体育文化导刊》，2011 年第 7 期。

在论文中探讨了现代体育赛事与现代传媒产业融合的新现象，认为需要依据该趋势注意在传媒产业人才素质提升、规章制度完善以及商业利益、传媒利益和体育竞赛目标平衡方面加强认识；于晓东[①]通过对诸多大型赛事中新闻服务工作的回顾，认为业界人士仍需考虑如何最大化新闻服务质量和团队协作水平等问题；张业安等[②]以媒介传播效果理论为指导，对大型体育赛事媒介传播效果进行了层次划分，并将其进一步发展成由媒介、受众、经济、社会和负面效果等指标组成的评估体系。

与大型体育赛事筹办相关的文献还有许多涉及到特定的技术领域，比如：杨国栋[③]的研究聚焦在“体育场馆‘公共安全系统’之建设”方面；王磊[④]关注了参与大型体育赛事报道的记者群体的工作方式；甄浩[⑤]认为体育评论员对于大型体育竞赛的解说增进了大型体育赛事的传播；郭伟等[⑥]在研究中强调了裁判员礼仪对于展现大型体育赛事的人文特性的意义；徐玮[⑦]分析了大型体育赛事转播中特定的技术；王志学等[⑧]关注了体育赛事的版权市场纷争；黄德沂[⑨]对大型体育赛事中吉祥物相关的宣传片进行的比较建议；王

① 于晓东：《新闻服务如何助力大型体育赛事报道》，《青年记者》，2014 年第 18 期。

② 张业安、肖焕禹：《大型体育赛事媒介传播效果的层次与评估指标研究》，《成都体育学院学报》，2012 年第 1 期。

③ 杨国栋：《谈谈体育场馆“公共安全系统”之建设》，《中国安防》，2015 年第 18 期。

④ 王磊：《大型体育比赛前方记者工作效率和方式的思考》，《中国广播》，2006 年第 8 期。

⑤ 甄浩：《大型体育赛事传播的解说评论之功》，《传媒》，2014 年第 4 期。

⑥ 郭伟等：《再看“人文奥运”理念下的裁判员礼仪》，《当代体育科技》，2012 年第 18 期。

⑦ 徐玮：《大型体育赛事 3D 转播解决方案》，《广播与电视技术》，2014 年第 8 期。

⑧ 王志学等：《经济学视角下体育赛事版权市场的发展》，《北京体育大学学报》，2017 年第 4 期。

⑨ 黄德沂：《大型体育赛事中吉祥物宣传片的比较研究》，《当代体育科技》，2013 年第 35 期。

璟[①]从符合特定形象与景观需求的色彩选取、组合和应用的角度论述了符合冬奥会特色的色彩体系建设问题；梁汉平[②]的研究重点限定在国际体育赛事中的语言服务问题领域。

总体来看，现存文献中在涉及上述五方面的研究可谓方兴未艾，它们一定程度上展现了国际大型体育赛事筹办的复杂性以及与国际政治和公共外交的紧密关联，同时存在似可进一步开拓的空间。首先，对体育以及大型体育赛事国际政治意义的探讨，以综述类文章、历时性的历史记录居多，深入细致的个案研究有限；其次，单一国家视角对大型赛事的考虑为主，以国际史方法为指导，综合利用原始历史档案和来自大众传媒资源，从多国视角对某一体育事件的考察缺乏；第三，从公共外交的角度，紧扣公共外交的特性，对在大型体育赛事这一“低政治”领域各主要行为体政治运作的综观性叙事考察有限。因此本研究依据来自决策层的最近解密的外交档案、机构档案以及来自国际舆论层面的主流媒体报道和大众传媒记录，以国际关系的理论为指引，采取综观的视角，以汉城奥运会为例，对于围绕大型体育赛事的公共外交行为进行深度个案分析，在方法上不失为深化、推进该领域研究的一种有益的尝试。

---

① 王璟：《北京 2022 年冬奥会色彩体系设计的研究》，北京印刷学院 2017 年硕士论文。

② 梁汉平：《中国大型国际体育赛事语言服务研究》，《山西师大体育学院学报》，2011 年第 2 期。

第二章

理论基础与研究议程

第一节　国际关系理论视域下的公共外交

在现代国际关系中，伴随着全球一体、国际社会信息化的不断推进，国家间经济、社会和文化的交往逐步增多，各国在积极发展政府间外交的同时，也开始加强对国际公众的公共外交行为的关注。特别是在美国“9·11”事件发生之后，国际社会和学界对意在信息和文化互动的公共外交愈发重视。

公共外交目标的实现在操作层面需要国际关系、传播学、外交学、历史学、心理学、文化学、管理学等诸多学科领域知识和智能的协作，当前国际学界对于公共外交的讨论，也主要集中在实践操作层面，如探索进行公共外交的机构和交流项目①、公共外交

① Wang Jian, “Telling the American story to the world: The purpose of U. S. public diplomacy in historical perspective,” *Public Relations Review*, 33, 2007; Giles Scott-Smith, “Mapping the undefinable: Some thoughts on the relevance of exchange programs within international relations theory,” *The Annual of the American Academy of Political and Social Science*, Vol. 616, No. 1, 2008; Haluk Karadag, “Forcing the common good: The significance of public diplomacy in military affairs,” *Armed Forces & Society*, Vol. 43, No. 1, 2017.

的举措和评估①、具体国家的公共外交模式②等等。与整体外交研究领域理论研究滞后于外交实践一致③，学界对公共外交理论根基的挖掘也相对有限，且未有定论。

以下在对个案进行综观性历史叙事前，首先尝试结合公共外交的内涵以及相关话题的已有研究发现，从国际关系理论层面解读公共外交，形成叙事将要秉承的分析框架，并将研究问题具体化。

一、建构主义——通过国际传播实施公共外交的理念指引

在国际关系的研究传统中，依据不同侧重，主要可分为现实主义、自由主义和建构主义三大研究路径。从本体论的角度出发，物质主义是现实主义与自由主义路径的基本特征，而观念主义是建构主义路径的根本属性。因此不难推断，建构主义在理念层面与强调信息、观点、文化跨国互动的公共外交具有显著的内在一

① Joseph S. Nye, "Public diplomacy and soft power," *The annals of the American academy of political and social science*, Vol. 616, No. 1, 2008; Yunci Cai, "The art of museum diplomacy: The Singapore-France cultural collaboration in perspective," *International Journal of Politics, Culture, and Society*, Vol. 26, No. 2, 2013; Nicholas J. Cull, "Public diplomacy before Gullion," in Nancy Snow and Philip. M. Taylor, *Routledge Handbook of Public Diplomacy*, New York: Routledge, 2009; Nicholas J. Cull, "The long road to public diplomacy 2.0: The Internet in US public diplomacy," *International Studies Review*, Vol. 15, No. 1, 2013.

② Liam Kennedy and Scott Lucas, "Enduring freedom: Public diplomacy and US foreign policy," *American Quarterly*, Vol. 57, No. 2, 2005; Oliver Zöllner, "A quest for dialogue in international broadcasting: Germany's public diplomacy targeting Arab audiences," *Global Media and Communication*, Vol. 2, No. 2, 2006; Wang Yiwei, "Public diplomacy and the rise of Chinese soft power," *The Annals of the American Academy of Political and Social Science*, Vol. 616, No. 1, 2008; Steffen Bay Rasmussen, "The messages and practices of the European Union's public diplomacy," *The Hague Journal of Diplomacy*, Vol. 5, No. 3, 2010.

③ Costas M. Constantinou, *On the way of diplomacy*, Minneapolis: University of Minnesota Press, 1996; Barry H. Steiner, "Diplomacy and international theory," *Review of International Studies*, Vol. 30, No. 4, 2004; Paul Sharp, *Diplomatic theory for international relations*, Cambridge: Cambridge University Press, 2009.

致性。

建构主义的兴起源于20世纪80年代末世界格局发生改变后学者们对已有国际关系理论解释力和预测力不足的反思。作为一种结构主义理论，建构主义传统的理论特别强调国际体系结构的社会属性，认为国际社会结构的形成和存在并非物质实力对比造成的，而是其中各行为体社会实践的结果；认为行为体的互动形成了特定的国际体系文化，即结构，而结构又反向建构了行为体的身份和利益。国际体系文化包含共有知识、共有期望和共有观念等内容。换言之，在建构主义的研究路径中，物质力量是重要基础，但文化，或称观念、认同等发挥着决定性的作用，即国际关系中的物质结构是社会结构建构的结果。

以美国公共外交为例。公共外交在美国的外交史中占有十分显耀的战略地位。早在一战时期，美国就已开始现代意义的公共外交实践。这些实践通常以2001年“9·11”事件为界划分为两个阶段。第一阶段的美国公共外交基本等同于“对外宣传”，是一种“政治行动”，或称“进攻型”的战略武器。该时期比较典型的著述如传播学大师拉斯韦尔（Harold Lasswell）的《世界大战中的宣传技巧》、美国前助理国务卿巴雷（Edward W. Barrett）的《真实就是我们的武器》（*Truth is our weapon*）、政治学者卡尔·多伊奇（Karl W. Deutsch）的《政府的神经：政治传播和控制模式》（*The nerves of government*）等等，都是基于该思路的研究成果。第二阶段的美国公共外交则发展成为一种肩负塑造形象、增进理解、赢得认同等长期使命的兼具“进攻性”和“防御性”特征的战略工具[①]。此时期代表作品有狄贝尔和罗伯茨（Terry Deibel & Walter

① 唐小松、王义桅：《从“进攻”到“防御”——美国公共外交战略的角色变迁》，《美国研究》，2003年第3期；《试析美国公共外交及其局限》，《现代国际关系》，2003年第5期。

Roberts）的《文化与信息：两项外交政策功能》（*Culture and information*）、汉森（*Allen Hansen*）的《美国新闻署：计算器时代的公共外交》（*USIA*）、马隆（Gifford D. Malone）的《政治倡议与文化传播：组织国家》（*Political advocacy and cultural communication*）、赫尔曼和乔姆斯基（Edward Herman & Noam Chomsky）的《制造共识》（*Manufacturing Consent*）、斯诺和泰勒（Nancy Snow & Philip Taylor）的《罗德里奇公共外交手册》（*Routledge Handbook of Public Diplomacy*）等。美国的公共外交实践主要是通过出版物、对外新闻、广播、电视、网络等信息活动①，以及访问学者、对外英语教学、巡演等教育文化交流活动实现的②，并且注重及时有效利用最新的信息技术手段。

与建构主义范式在解释国际关系的互动中注重集体身份的建构和共有观念的形成问题类似，上述对美国公共外交发展历程的简要梳理也反映了公共外交以观念建构行为的理念，即通过有效的国际传播，特别是大众传播媒介促进不同种族、不同文化、不同信仰、不同价值观的国际公众共享知识、共有理念的建构，从而实现相互理解直至认同。

然而，上文对“公共外交”界定的分析已明确显示，公共外

① Walter L. Hixson, *Parting the curtain: propaganda, culture, and the cold war, 1945 - 1961*, New York: St. Martin's Griffin, 1997; Arch Puddington, *Broadcasting freedom: the cold war triumph of radio free Europe and radio liberty*, Lexington: University of Kentucky Press, 2000; Wilson P. Dizard Jr., *Inventing public diplomacy: the story of the U. S. information agency*, USA: Lynne Rienner publishers, 2004; Nicholas J. Cull, "Public diplomacy before Gullion," in Nancy Snow and Philip. M. Taylor, *Routledge Handbook of Public Diplomacy*, *New York: Routledge*, 2009.

② Richard P. Horwitz, *Exploring America: essays on American studies abroad*, USA: Garland Publications, 1993; Naima Prevots, *Dance for export: cultural diplomacy and the cold war*, Middleton: Wesleyan University Press, 1998; Giles Scott-Smith, "Mapping the undefinable: Some thoughts on the relevance of exchange programs within international relations theory," *The Annual of the American Academy of Political and Social Science*, Vol. 616, No. 1, 2008.

交的目标并非停留在建构共有观念之上，而是期望通过观念、心理层面的建构或称干预，在理解和认同的基础上实现既定的外交目标，即以公共外交的实践服务于国家利益。因此，建构主义为通过大众传播为主体的国际传播途径来建构观念以影响国际公众这一公共外交实施模式提供了理论依据，但并未关注开展公共外交在物质层面的限制。

二、自由主义——公共外交实施主体、对象、平台多样化的理论来源

自由主义的国际关系研究通常对国家或政府间的合作以及人类社会的共同发展持有乐观主义的期盼，认为民族国家或政府是理性的行为体，因此在追求权力的同时，也会关注社会的福祉，认为国家或政府间不仅有政治、军事层面的对抗，也会有在经济、社会、文化领域的合作。

自由主义研究路径包含不同的思想流派。早期的自由主义主张带有强烈的理想主义成分，这一时期最具代表性的观点来自于一战末美国时任总统伍德罗·威尔逊在国会演讲中提出的建立国际和平的“十四点计划”。尽管威尔逊在计划中所提倡的“集体安全”等诸多构想在当时国际政治现实中并未最终发挥应有的效力，但他所提出的杜绝秘密外交，外交公开化的理念却伴随着国际传媒环境的信息化程度增强而逐步为各国或政府接受，并成为公共外交不断引发关注的基础。

相互依赖理论是自由主义范式下非常重要的理论。罗斯克兰（Richard Rosecrane）认为20世纪，特别是20世纪50年代之后伴随着高度工业化国家的增多，国际社会主要行为体更多关注与人类福祉相连的经济发展、对外贸易、社会繁荣等，而非之前所强

调的军事力量和领土扩张①。基欧汉（Robert Keohane）和奈（Joseph S. Nye，Jr）将之称为"复合相互依赖"，认为国际政治的这一变动促使国际关系类似于国内政治，对"低政治"领域问题更为关注。在国际关系研究中，"高政治"领域常关注安全、军事等问题，"低政治"领域则侧重对经济、社会等事务的考察。依据该理论的基本假设，民族国家或政府是国际社会重要的行为体，但国际组织、跨国公司、个人等非国家行为体也在国际舞台发挥重要作用，国际社会的联系更加多元；军事力量已趋于次要地位；政府所需要关注的诸多问题没有明确等级分别，环境、资源等"低政治"问题同样应位于外交议程之中。② 学界对公共外交的关注实则正是国际社会相互依赖增强的产物。相互依赖的国际体系促使参与公共外交互动的主体和对象更为复杂多样，公共外交行为的开展也更多涉及到与国际公众更为接近的教育、体育交流等"低政治"层面，相较于传统外交，在方式上更为灵活、易于接受。

同样关注"低政治"议题的还有软实力理论，它也是公共外交研究中被提及较多的理论③。软实力（Soft power），也译成软权力、软力量、柔性权力等，是哈佛大学教授、美国克林顿政府时期国防部副部长约瑟夫·奈（Joseph S. Nye，Jr）在1990年出版的

① Robert H. Jackson and Georg Sørensen, *Introduction to International Relations: Theories and Approaches*, New York: Oxford University Press, 2010, pp. 101 – 102.

② Robert Keohane and Joseph S. Nye. *Power and Interdependence: World Politics in Transition*. Boston: Little, Brown, 2012, pp. 21 – 39.

③ 参见 Jan Melissen, "The new public diplomacy: Between theory and practice," in Jan Melissen (ed.), *The new public diplomacy*, New York: Palgrave Macmillan, 2005；檀有志：《软实力战略视角下中国公共外交体系建构》，《太平洋学报》，2011 年第 3 期；Yunci Cai, "The art of museum diplomacy: The Singapore-France cultural collaboration in perspective," *International Journal of Politics, Culture, and Society*, Vol. 26, No. 2, 2013；刘再起、王曼莉：《"一带一路"：中国软实力的"西游"之路》，《江汉论坛》，2016 年第 6 期。

《注定领导》(*Bound to Lead*) 一书中首先使用的概念，这一概念经其不断发展，至 2004 年《软力量：世界政坛成功之道》(*Soft Power*：*The Means to Success in World Politics*) 一书出版时，已形成较为清晰、系统的表述。约瑟夫·奈认为软实力与以"威慑或收买"为主要手段的"硬实力"不同，"从行为角度讲，是吸引力；从资源角度讲，是那些产生这种吸引力的资产"。[①] 该理论是约瑟夫·奈在反驳 20 世纪 90 年代美国衰落论以及批评 21 世纪初布什政府的政策基础上形成的。约瑟夫·奈认为战后权力的本质已经发生了变化，因此不仅要关注军事、经济力量，还要关注其他层面的安全，即软实力。据约瑟夫·奈分析，软实力的来源主要有三种：文化、政治价值观和外交政策。[②] 他主要依据美国的情况，认为美国大众文化（影视、音乐、网络、麦当劳等）、美国的政治信仰以及跨国公司等等在全球的影响力可以产生软实力。李 (Shin-Wha Lee)[③] 认为评价一个国家的软实力来源至少可以从"认知（cognitive）、情感（affective）和规范（normative）三方面来考虑"；其中认知层面是对其他国家形象和国际事务中地位的考虑，受诸多因素影响，政治稳定、社会有序、政府管理透明、人权情况、宗教自由、文化多样性、历史、旅游、科技发展、是否友好等；情感层面则是单纯的喜爱与否，不受政治、经济和军事强弱而左右；规范层面则是指其他国家是否认为该国的政策或国际社会角色是正当合法的。可见，软实力既是一种状态，也是一种行为资源。

---

① Joseph S. Nye, *Soft Power*: *The Means to Success in World Politics*, New York: Public Affairs, 2004, p. 6.

② Joseph S. Nye, "Public diplomacy and soft power," *The annals of the American academy of political and social science*, Vol. 616, No. 1, 2008, p. 96.

③ Shin-Wha Lee, "The theory and reality of soft power: Practical approaches in East Asia," in Jan Melissen, *Public diplomacy and soft power in East Asia*, Palgrave Macmillan US: Springer, 2011, p. 15.

实际上，软实力理论从提出到践行都包含着强烈的现实主义色彩。它本身是从“权力”角度引出的概念，与军事、经济等“硬实力”资源相对，意在塑造他者的偏好。奈之后又提出了“巧实力”（smart power）的概念，用以指代软硬实力的融合，并认为“公共外交是践行巧实力的重要工具”。[①] 换言之，积极有效的公共外交被理解为是提升一国软实力的举措，能与硬实力一道促进国家外交目标的实现。

“公共外交的目标具有层次性，短期目的是澄清事实，提高本国在国际社会的知名度或者知晓度；中期目标是传播知识，提高本国的美誉度；长期目标则是塑造形象，确定价值，增强各国公众对该国的认同度，增强一个国家在国际社会的软权力。”[②] 如前所述，民族国家或政府开展公共外交实则是包含特定外交目标的政治行为。通常认为，“要研究政治行为，就必须研究政治动机”[③]，政治动机是“激励并维持政治主体的政治活动以达到特定的政治目的的内在动力”[④]，在国际关系中，政治动机的博弈贯穿于政治运作的始终，前者是后者的直接动因，而后者是前者的外在表现形式。政治动机与需求、愿望、理想等心理因素息息相关，而谋求权力、拥有成就是政治动机比较集中的表现。

对权力问题的考察是政治科学的基础。公共外交，作为一种政治行为，也无法跳过对权力基础的考虑，而现实主义研究路径在此方面成果最为显著。

---

① Joseph S. Nye, “Public diplomacy and soft power,” *The annals of the American academy of political and social science*, Vol. 616, No. 1, 2008, p. 108.

② 韩方明：《公共外交概论》，北京大学出版社 2012 年版，第 9—10 页。

③ 施雪华：《政治科学原理》，中山大学出版社 2001 年版，第 586 页。

④ 王浦劬：《政治学基础》，北京大学出版社 2014 年版，第 254 页。

三、现实主义——公共外交现实目标达成的理论根基

相互依赖的世界意味着“全球一体”（globalism），而非“全球化”（globalization）。“全球化”是“一种不断增长的事物”，与之相对的是近年来渐成趋势的“反全球化”；而“全球一体”指代的是“世界的一种条件或状态，其程度可增可减”[①]。世界相互依赖增强，并不意味着世界成了毫无边界的“地球村”，地缘政治依旧存在，即使在一体化程度较高的欧盟当中，民族国家或政府的地位仍未被取代，国家间的界限依旧分明。因此，从国际体系观察，民族国家或政府依旧是国际社会最主要的行为体。

在现实主义的论述中，通常以国际社会的无政府状态作为预设，以民族国家或政府作为最主要的行为体，将国家利益视为各国各政府努力追求的目标，遵循着实力导致权力、权力限定利益的解释逻辑。因此，现实主义关注国家安全权力、国际社会主要国家的权力消长，关心国际均势。在国家对外行为的诠释中，现实主义路径一直处于主流地位。

摩根索是少数国际关系研究领域中对外交有系统关注的学者。[②] 在其经典著作《国家间政治》一书中，摩根索提出外交的首要目标是“用和平的手段促进国家利益”，具体化就是四项任务：“（1）外交必须根据实际和潜在可用于追求目标的实力来决定自己的目标；（2）外交必须评估别国的目标以及实际和潜在可用于追求目标的实力；（3）外交必须确定这些各自不同的外交目标在多大程度上是彼此兼容的；（4）外交必须利用适用其追求其目标的

---

① 基欧汉、奈著，门洪华译：《权力与相互依赖》，北京大学出版社 2012 年版，第 253—254 页。

② Geoffrey Wiseman, “Bring diplomacy back in: Time for theory to catch up with practice,” *International Studies Review*, Vol. 13, No. 4, 2011, p. 710.

手段。”[①] 这是经典现实主义对外交的理解，同时也提示了民族国家或政府在进行包括公共外交在内的对外关系实践中所不能忽略的权力基础问题。

在现实世界的国际关系互动中，权力和地位是不容忽视的存在。不同国家或政府在能力上有巨大的差距，即所谓的“权力不对等”（Power asymmetry）。布兰德利·沃麦克（Brantly Womack）[②] 认为，权力不对等不仅反映在能力的差异，还涉及到能力较强者和较弱者在互动中表现出的脆弱度（vulnerability）和关注度（attention）是不同的，在现实主义外交传统中，有效的外交沟通对具有不同权力基础的民族国家或政府至关重要。外交沟通，属于外交实践中的常用词语，可定义为“主权国家为了维护和促进本国利益、创造有利的外部环境，直接由外交沟通行为体将本国的客观事实、立场、态度和情感等传递给他国相关主体的双向多层次过程”[③]。其中，外交沟通的主体十分广泛，既可是国家领导人、外交代表等个人，也可是外交代表机关，还可是由国家授权、委托的主流媒体、个人等其他行为体。常见的外交沟通机制包括首脑热线电话、双边或多边对话、研讨会、特定个人或组织为中介的沟通机制等。外交沟通通常围绕某一外交事件或问题展开，针对性强，能够促使沟通各方比较及时地应对问题，同时包含着长远的政治的意义。

在国际问题的分析中，华尔茨·肯尼斯（Waltz Kenneth）所提出的层级分析具有深远的影响力和意义。他在著述中表示，国际

---

① 摩根索著，徐昕等译：《国家间政治：权力斗争与和》，北京大学出版社 2006 年版，第 481 页。

② Brantly Womack, *China and Vietnam: The politics of asymmetry*, Cambridge: Cambridge University Press, 2006, pp. 17 – 18.

③ 母耕源：《外交沟通理论与实践初探》，外交学院 2010 年博士学位论文，第 30 页。

政治非常复杂，无法依据传统物理学通过假定其他变量不变而探讨其中两变量关系的统计学方法进行研究，而需要遵循系统（systematic）的研究途径，即侧重对国际系统的分析更符合逻辑，而非侧重在国家或个人层面来解析国际政治现象①。他认为系统结构对结构成员产生影响并非来自有形的因素而是来自于“系统构成成员的社会化”以及“构成成员的相互竞争”，其中，“结构”指代的是“构成成员的地位分配”，代表了一种相对的地位关系，是一个高度抽象化的概念。② 依据现实主义传统，国际组织、跨国公司、个人等非国家行为体的存在，并不能改变国家作为国际体系主要构成成员的相对权力地位，而研究国际政治结构，需立足于主要国家之上。华尔茨也在著述中明确国际政治理论是依据大国的行为建立起来的，他补充说“关注大国并不意味着无视小国的存在，但是对后者命运的关注需要我们将绝大部分注意力集中于前者”。③ 大国关系，属于“高政治”层面议题，在国际关系互动中发挥着重要的作用，这主要源于“大国是国际政治的最主要行为体”，“大国关系决定着国际格局”。④ 在国际体系中，大国对比其他国家具有更强的经济、军事等物质规模，从而具备更高的国际地位、国际影响及行为自由度。国际关系理论得以推陈出新往往是依据国际社会中大国关系的变迁；同时，大国关系的重大调整也影响各国外交实践⑤。因此，在对现实世界事件的分析诠释

---

① Kenneth N. Waltz, *Theory of International Politics*, New York: McGraw-Hill, 1979, p. 12 – 22.

② Kenneth N. Waltz, *Theory of International Politics*, pp. 76 – 80.

③ Kenneth N. Waltz, *Theory of International Politics*, pp. 72 – 73.

④ 阎学通:《国际关系理论与大国关系研究》,《世界经济与政治》, 2003 年第 5 期, 第 37 页。

⑤ 参见赵华胜:《现阶段大国关系调整的特点，动力及趋势》,《现代国际关系》, 2003 年第 2 期; 布赞著, 节大磊译:《划时代变迁中的大国关系》,《国际政治研究》, 2014 年第 1 期。

中，大国关系是必然需要考虑的要素，它极大程度影响到外交目标的实现。

从表面看，现实主义传统似乎只是关注了公共外交实践所处的国际体系的权力本质，对公共外交所重视的与国际公众的互动毫无助力，实则不然。现实主义传统从未无视国际公众的反应。摩根索早在20世纪40年代末就在著作中明确指出国家权力是受到国际道德（international morality）和国际公众意见（world public opinion）的制约的，认为“权力争夺与对权力争夺的反抗同样普遍存在”，因此“要避开反抗，平息其寻求权力的目标被发现而引发的憎恶和反对，争取更多权力的国家往往会借助信仰（ideology）来掩盖真正的目的”①，那些本是权力争夺的内容以不同的方式表现出来，与理智、道德和公平正义的需求相一致。换言之，国家在其利益界定的权力争夺中，并非完全依照霍布斯所讲的自然状态下“所有人对所有人的战争”，也在顾忌国际的道德和国际公众的反应，从而保持良好的国际形象。这在论述层面与90年代才逐步兴起的软实力理论已非常接近。伴随着国际关系理论不断发展、完善，现实主义与自由主义研究路径在国际问题阐释和分析中实则已逐步合流、互为补充。

需要注意的是，当前公共外交研究中不断强调的信息技术的发展和变迁，只是拓展了公共外交在传播过程中发挥作用的渠道、速度和范围，并未改变公共外交的核心特质。正如基欧汉和奈所言，“信息革命并没有极大地分散或平衡各国的力量”，“如果说有什么变化的话，它恰恰产生了相反的作用”。② 政治、经济、军事等国家核心力量领域的权力不对称性在信息革命方面同样表现为

① Hans J. Morgenthau, *Politics among nations*: *The struggle for power and peace*, New York: Alfred A. Knopf, 1948, pp. 169 –202.

② 基欧汉、奈著，门洪华译：《权力与相互依赖》，北京大学出版社2012年版，第245页。

非均衡性，权力基础的差异直接影响到不同国家在媒体的议程设置和框架设定方面拥有的话语权。对公共外交事件的考察与对权力政治的解读有着难以割舍的内在关联。

“世界上没有包罗万象和绝对准确的理论，每种理论都有局限性和不足”。[①] 以上由表及里对公共外交和国际关系理论关联的探究，显示出国际关系的三大研究路径各自对公共外交的理解、分析和阐释的独到思维角度和关注视阈。为了更加全面地呈现、解读和分析复杂的公共外交事件，需要整合上述各种理论路径的智能。

第二节　大型体育赛事筹办的公共外交分析框架

如前所述，国际关系领域对大型体育赛事等体育文化交流活动与国际政治关联的相关考察和研究始于20世纪下半叶。对该议题探讨的增多实则与全球一体的国际政治现实以及国际关系理论的发展息息相关。当前国际关系理论传统中占据重要地位的相互依赖、建构主义、软实力等理论都是在该时段起步并发展壮大的。这些理论自身的不断完善也促使学界将之与既有研究相结合，以新的视角重新审视和解读历史事件。

大型体育赛事的成功筹办对于主办国或政府是具有重要意义的公共外交事件。事件的叙述一般需要反映出谁（行为者）、因为什么（缘由）、做了什么（行为）、怎样做（方式）、达成什么结果（目标）的基本逻辑，因此，本书基于以上文献述评以及理论探讨，尝试建构的大型国际体育赛事筹办进程中的公共外交分析框

① 张小明：《国际关系理论与冷战史研究》，《史学月刊》，2005年第6期，第19页。

架（analytic framework）主要包含如下要素：政治动机、国际传播、外交沟通、“低政治”与“高政治”互动。各要素间关系可用图 2—1 表示。

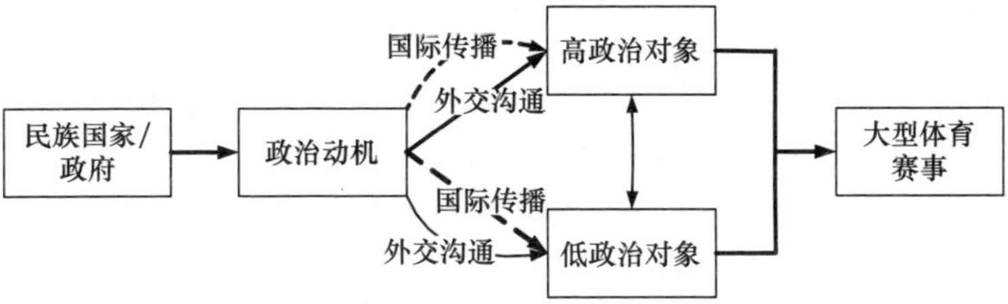

图 2—1 大型体育赛事筹办进程中的公共外交之分析框架示意图

该框架可简要描述为：在大型国际体育赛事筹办过程中，公共外交表现为一种民族国家或政府在既定国际国内政治环境下形成的包含特定政治动机的对外关系行为，外交目标与政治动机相一致；在外交实践中，它主要通过国际传播和外交沟通的混合外交模式以实现与“低政治”对象和“高政治”对象的充分交流，并在“高政治”“低政治”对象的互动中共同促成了大型体育赛事的成功实现。

大型国际体育赛事是国际公众普遍欢迎的社会文化交流活动，具有竞技性、公平性、娱乐性、普适性等诸多基本特征；其高能见度、高关注度、低风险性、“低政治”性等优势也为各国、各政府所重视，成为公共外交发挥作用的平台。基于公共外交的基本内涵，大型体育赛事筹办中的公共外交是需要服务于国家利益的政治行为，对其运作进行考察首先需要明确赛事筹办主体，即民族国家或政府的政治动机，政治动机与公共外交预期达成的目标相统一。

大型国际体育赛事得以成功实现，是民族国家或政府赋予赛事的外交目标实现的前提，需要依赖大型体育赛事所有会员国家或政府体育组织的广泛认可和参与。这些组织与关注赛事的各国普通受众以及大型体育赛事组织机构一样，都属于“低政治”对象，与相关方的交流互动更多关注体育实力、赛事组织、比赛项目、体育设施建设等“低政治”议题。但在国际政治现实中，这些体育组织所隶属的国家或政府却关系各异，有友好、伙伴抑或同盟关系，也有敌视、冲突或对抗关系；同时，由于军事、政治、经济等核心实力的差异，不同国家或政府在国际社会的相对权力地位也各不相同。权力基础和国家或政府间关系的现状制约着民族国家或政府在筹办大型体育赛事过程中进行公共外交的理念和方式，处于“高政治”层面的大国关系极大影响着民族国家或政府公共外交目标的实现。

在国际关系的三大理论范式中，民族国家或政府始终是国际体系中最重要的行为体，只是伴随着战后国际社会相互依赖，特别是经济相互依赖的增强，在国际事务中可以扮演重要角色的行为体类型才日趋多样化：国际组织、个人等非国家行为体逐步在诸如国际体育赛事这类“低政治”平台的社会文化交流中发挥重要作用。以建构主义的视角考量，国际大型体育赛事筹备中的公共外交过程也是赛事主办的民族国家或政府建构国际公众共有知识，实现相互知晓、理解直至认同的社会化过程；在实践层面，以大众传媒为主体的国际传播在观念建构中发挥关键作用。通过主流媒体等渠道与国际公众的充分交流互动，目标国家或政府内受众对大型体育赛事主办方的认识、理解、认知甚至认同得以形成，从而影响相关国家和政府积极参与大赛的决策。换言之，建构主义视角下的国际大型体育赛事筹办进程中的公共外交表现为一种传递主办方积极态度和筹备信息、塑造正面国家形象以拓展国际交往的国际传播行为。国际传播方式的公共外交对于大型国际体育赛事的组织机构、各国体育组织和成员及国际公众等“低政治”对象尤为基础，对于关乎政治、安全等议题的“高政治”对象也普遍适用。

然而通过国际传播建构共有观念往往需要长期的战略规划，其最终目标通常是广泛的认同，即约瑟夫·奈所强调的民族国家或政府软实力的提升。大型体育赛事的整个筹办过程往往是在相对有限的时间和空间内进行，因此在此过程中的国际传播更多是在知晓、理解等中短期目标中发挥作用；对于“高政治”对象，单纯的观念层面的共有知识建构难以消减行为体间在关乎政治、安全等核心利益的分歧，需要借助权力政治现实中所使用的外交沟通手段。民族国家或政府，特别是自身并非大国的国际社会行为体，在实施公共外交过程中需要考虑国际关系研究中现实主义与自由主义传统都充分关注的权力不对等问题，而外交沟通是平衡不同国家或政府相对权力地位的重要工具。外交沟通的对象通常是在国际权力政治现实中能直接影响决策的特定受众，特别是在大国关系主导的国际体系中关乎政治、军事、安全关系的受众；同时外交沟通对加强与“低政治”对象的交流也有所助力。伴随着国际格局中大国权势地位的不断调整以及国家间有效的国际传播和外交沟通的运用，“低政治”对象和“高政治”对象的相对关系也在调适。在大型体育赛事的筹办进程中，民族国家或政府正是通过国际传播与外交沟通相结合的混合型公共外交方式实现了与高、低政治对象的充分交流互动，从而影响目标国家或政府的决策以实现赋予赛事得以成功举办被赋予的外交目标。

此外，在研究操作过程中，对公共外交事件进行深度解读、探寻其中的行为轨迹和内在逻辑，可以综合利用来自决策层的外交档案和面向公众的大众传播档案等资源。

第三节 研究问题及研究重点

针对相关研究目的，根据国内外既有研究成果以及上述对公共外交内涵和理论的分析，本书对于汉城奥运会筹办进程中的公共外交个案探讨提出的具体研究问题（research questions）包括：

第一，韩国政府筹办汉城奥运会是在怎样的国际、国内背景下实施的？换言之，冷战后期的国际政治环境对筹办行为产生怎样的影响？

第二，作为汉城奥运会主办方，韩国政府申办奥运会有无政治动机？如果有，具体有哪些？

第三，为实现特定的政治目的，韩国政府是否利用公共外交展开了针对国际奥委会和国际社会的交流互动？如果是，其采取了怎样的公共外交行为？

第四，朝鲜半岛和大国政治的现实如何使得韩国筹办汉城奥运会政治化？该政治化的结果又是如何？产生了怎样的国际政治意义？

综合公共外交定义与理论分析所强调的各要素，对于上述研究问题，本书将重点关注以下四方面：

第一，作为国家对外行为，韩国政府出于对外政策目的申办汉城奥运会的可能性大于其他非政治目的。

第二，在筹办汉城奥运会过程中，韩国政府采用公共外交的方式与国际奥委会和国际社会进行交流的倾向是否大于其他非外交行为。

第三，韩国是否倾向于采取以国际传播和外交沟通为内涵的公共外交。

第四，冷战后期大国政治的变化是否比其他因素（如国内因素等）更大程度地决定着韩国政府筹办汉城奥运会的相关政治目标最终能否达到。

简言之，本研究力图依据上述研究问题和研究重点，通过历史叙事，实现以下具体的研究目标（research objectives）：

第一，借助 1988 年汉城奥运会的个案，展示各主要行为体在奥运会这类国际大型体育赛事中的各种沟通、协调、竞争、斗争活动及其结果。

第二，分析不同规模的国家或地区在汉城奥运会参与问题的决策，探索各国和地区在历史意识等方面的认知和文化对其行为和参赛决策的不同影响。

第三，探讨国际奥委会这一大型体育赛事组织机构在隐藏于汉城奥运会筹备背后的复杂国际政治角力中独特的角色、策略和作用。

第三章

韩国筹办汉城奥运会

第一节　汉城奥运会的筹办背景

在历史叙事中，背景分析（context analysis）是重要组成部分。背景能展现出历史事件发生、发展与演变的特定时空情境，是主要行为体行事的独特场域。对于汉城奥运会的筹办，冷战格局、朝鲜半岛问题以及韩国国内政治等复杂背景都在悄然发挥效力并相互作用。

始于第二次世界大战结束时的冷战对于当代国际关系无疑产生了深远的影响。它几乎主宰了 20 世纪下半叶的国际政治，直至今天，关于冷战思维犹存的探讨仍不绝于耳。冷战期间，以美国为首的所谓“自由世界”与以苏联为主导的“社会主义阵营”之间，在安全、军事、外交、意识形态、经济、科技、社会和文化等领域在全球范围内长期对抗。但进入 20 世纪 70 年代，这一对峙已逐步走向缓和：中美之间实现了外交关系破冰，逐步展开了以经贸为主的合作；欧洲在经历大战摧残后，将重建作为首要任务，西欧逐步开启了“一体化”进程以争取更多的合作和利益；伴随着全球经济相互依赖的扩散，国际组织等非国家行为体在国际关系中的作用日趋显著；苏联从 20 世纪 80 年代中期开始弱化意识形态、关注经济发展和改革，美苏两国通过高层会谈在消减军备和核武方面达成了一致，国际格局逐步展现为重新的分化、组合。①

朝鲜半岛的局势与二战以及冷战息息相关。朝鲜半岛位于中国、俄罗斯、日本等大国之间，在东北亚地区具有独特的地缘政治意义。二战结束之后，在朝鲜半岛南北两侧，大韩民国（即韩国）与朝鲜民主主义人民共和国（即朝鲜）相继成立，朝鲜半岛的政治分裂局面初步形成。二战后被分割的朝鲜半岛的南北对峙，不仅全面反映了冷战的各个方面，也受到了冷战政治的深度影响。在 20 世纪 50 年代至 80 年代期间，朝鲜半岛南北双方之间曾有过一些积极意义的接触和交流，但并未从根本上改变双方关系。② 20 世纪 80 年代初，韩国虽然在政府十余年积极经济政策的推动下成功步入了发展中的工业国家行列，但在国际社会仍十分孤立；其历史、文化对于亚洲之外的世界而言也几乎还是陌生的。因此，韩国在筹办 1988 年奥运会过程中要保障广泛的参与度，冷战所形成的政治现实不可避免成为其公共外交举措发挥效力需要应对的主要障碍。

同时，韩国筹办汉城奥运会的 80 年代正处于其国内政治不断变动的特殊时期。韩国政府在战后美苏冷战格局中，虽属于美国为首的一边，但从四五十年代建国初期的李承晚政府至 20 世纪六七十年代的朴正熙政府再至 20 世纪 80 年代的全斗焕政府都维持

---

① 参见 Robert Keohane and Joseph S. Nye, *Power and Interdependence: World Politics in Transition*, Boston: Little, Brown, 1977; John L. Gaddis, *The Cold War: a new history*, New York: Penguin Press, 2005；李华：《国际组织公共外交研究》，时事出版社 2014 年版。

② 详见 Don Oberdorfer, *The two Koreas: A contemporary history, New Edition.* New York: Basic Books, 2001；孟庆义、赵文静、刘会清：《朝鲜半岛》，人民出版社 2006 年版；James E. Hoare, *Historical Dictionary of Democratic People's Republic of Korea*, Lanham, Maryland: Scarecrow Press, 2012。

着对国家的威权统治。韩国国内自建国之初就沿袭着政治抗争的传统，不同规模的民众抗议此起彼伏，曾直接导致李承晚政府被取代。成功申办汉城奥运会的全斗焕政府由于是通过军事政变和武力镇压建立的政权，因此其政权合法性一直饱受国内民众质疑，特别在其任期临近结束之际，即奥运会召开的前一年，国内要求停止军政府统治的民主化抗争运动高涨。最终，全斗焕的政治伙伴卢泰愚（Roh Tae-woo）被推选为执政党新任总裁，后者在做出直选、新闻自由等一系列政治民主化改革主张后，才顺利在 1988 年奥运年初当选韩国首位民选总统。

在“高政治”层面，汉城奥运会的主办方韩国与美国等经济发达国家在对外政策方面表现一致。此时，冷战两极格局正经历调整，韩国虽与社会主义主要国家没有正式外交关系，但无论两大阵营之间还是半岛双方在现实当中都有一定的互动，只是阵营对峙格局尚未完全打破；在汉城奥运会筹办中，国际体育组织，特别是国际奥委会，作为奥运会这一“低政治”交流活动的发起方和组织方，与各方，尤其是与半岛南北双方以及东西阵营的大国都有互动。

在现代奥运会发展历史中，韩国首尔是继日本东京之后第二个主办奥运会的亚洲城市。1964 年在东京成功举办的第 18 届夏季奥运会是韩国申办奥运会过程中的重要参照，只是后者申请和筹备所面临的国内国际问题更为复杂与多变。虽然韩国在 20 世纪 80 年代初经济发展迅速，但 1981 年韩国在国际奥委会巴登 - 巴登会议中被授予 1988 年夏季奥运会举办权时，关于奥运会选址是否合适的争议就从未停止①。概言之，从 1979 年韩国宣布准备申办奥运

① Richard W. Pound, *Five rings over Korea: the secret negotiations behind the* 1988 *Olympic games in Seoul*, Boston: Little, Brown, 1994; Clyde Haberman, “Seoul See ’ 88 Games as a chance to gain spotlight”, *New York Times*, May 21, 1984.

会到申办成功再到奥运会筹备举办的九年中，韩国的国内局势风云变幻：四位总统陆续登场，国内学生团体、反对党以及民众发起的抗争此起彼伏，韩国奥运事宜的负责人在此过程中也不得不四易其主；同时，位于半岛另一侧的朝鲜不断对汉城奥运会提出要求，并采取多种应对举措；国际媒介广泛关注，国际社会诸多国家纷纷发声要求更换奥运会举办地或是提出自身主张。

为保障汉城奥运会能以最大参与度完美开幕，韩国政府和各界积极投入到与国际奥委会以及国际社会的公共外交当中，通过媒体交流、私人沟通、组织会谈等多种国际传播和外交沟通手段，最终实现了汉城奥运会“远超出预期的成功”①。

第二节 汉城奥运会的申办

1981 年 9 月 30 日，在联邦德国（Federal Republic of Germany）巴登 - 巴登举行的国际奥委会第 84 届会议中（84th IOC session in Baden-Baden）中，汉城以 52 票对 27 票的绝对优势战胜另一申办地——日本名古屋市，成为 1988 年夏季奥运会的举办城市。这一结果令韩国举国欢呼雀跃，汉城奥组委称这场胜利“近乎是奇迹”（Near-miracle）②，因为此时韩国作为一个发展中国家，在经济、体育实力、大赛组织经验等方面都难以与一起申报的发达国家日本相提并论，胜出概率不高。但不可否认，韩国为申奥所做的准备是充分的：汉城奥运会官方报告称韩国送往国际奥委会的申办材

① Richard W. Pound, *Five rings over Korea: the secret negotiations behind the 1988 Olympic games in Seoul* Vol. 1, p. IX.

② Seoul Olympic Organizing Committee, *Official report: Games of the XXIVth Olympiad Seoul* Vol. 1, Seoul: Korea Textbook Co., Ltd., 1989, p. 2.

料数量是名古屋的三倍，并记录了诸多争取支持的举措①，这些在同时期主流媒体的报道中都能寻到佐证。同一年申办冬季奥运会的加拿大，在其主要媒体《环球邮报》对申奥结果的报道中，援引了日本国家奥委会一位荣誉官员对韩国申奥准备工作的积极评价，称“汉城做了大量的工作，他们的获胜是理所应当的”②。在国际奥委会下属各国际体育分项协会对奥运候选城市的考察中，汉城的准备进度令其惊讶，他们称“汉城修建的可容纳10万观众的体育馆已完成过半，同时奥运会需要的31个场馆已有21个修建完成”③。《华盛顿邮报》国际问题专任记者唐·奥博德佛（Don Oberdorfer）肯定了韩国的胜出正是“汉城做出了更多的努力”，并列举了韩国派出企业家、外交官等赢得国际奥委会委员支持，到联合国大会游说，将奥林匹克村模型带到巴登－巴登会议现场，以及展示现场安排诸多美丽的韩国女士迎接等一系列举措。④

依据汉城奥运会官方报告⑤，韩国产生申办奥运会的想法是始于1978年第42届世界射击锦标赛。这是韩国第一次承办大型国际体育赛事，其成功使得韩国体育界意识到自身承办大型赛事的潜能。随后的1979年，时任韩国射击联盟主席的朴钟圭（Park Chong-Kyu）成为韩国业余体育联合会（Korea Amateur Sports Association，KASA）兼韩国奥委会（Korean Olympic Committee，KOC）主席。由他发起，在进行了初步可行性评估之后，KASA向韩国教

① Seoul Olympic Organizing Committee, *Official report: Games of the XXIVth Olympiad Seoul* Vol. 1, pp. 38－43.

② Ann Duncan, “Calgary and Seoul get 1988 Olympics”, *The Globe and Mail (Canada)*, October 1, 1981.

③ Frank Litsky, “Calgary and Seoul to stage ’88 Games”, *New York Times*, October 1, 1981.

④ Don Oberdorfer, *The two Koreas: A contemporary history*, New Edition. New York: Basic Books, 2001, pp. 180－181.

⑤ Seoul Olympic Organizing Committee, *Official report: Games of the XXIVth Olympiad Seoul Vol.* 1, pp. 33－35.

育部递交了申办第24届奥运会的提议。教育部在征询各相关部门意见并成立特别委员会进行研究之后，于1979年9月3日正式向政府提议申办奥运并同时申办第10届亚运会。这一提案随后得到了朴正熙总统（Park Chung-hee）的批准，并且决定由政府支持申办。1979年10月8日，汉城市正式对外公布申奥计划。可惜仅18天之后，朴正熙总统遇刺身亡，国内局势突变，无论汉城市、体育界还是临时总统崔圭夏（Choi Kyu Hah）都开始对申奥提出质疑，奥运计划也就此搁浅。直至1980年第五共和国成立，KASA在权衡利弊后尝试向政府重提申奥事宜，得到了新任总统全斗焕（Chun Doo Hwan）的支持，KOC才再次开始积极开展申办准备。韩国递交承办第24届奥运会的申请比实际申报的截止日期晚三天（1980年12月4日），但最终得到国际奥委会的许可，同日本名古屋一道被列入了最后的讨论名单。韩国准备申奥前的大事概要见表3—1。

表3—1 韩国申办奥运会大事记

时间	事件概述
1979年3月	KOC主席朴钟圭写信给教育部建议申办第24届夏季奥运会
1979年9月	教育部下属国家体育促进审议委员会（National Sports Promotion Deliberations Committee）通过申办第10届亚运会和第24届夏季奥运会的正式提案
1979年9月21日	朴正熙总统批准申办提案
1979年9月25日	政府和执政党会议中决定政府积极支持申办
1979年10月8日	汉城市在记者招待会中正式公布计划申办第24届奥运会
1979年10月26日	朴正熙总统遇刺身亡，朴钟圭辞去韩国奥委会主席一职，奥运申办搁浅
1980年11月	KOC试图说服各方重启奥运申办，得到新任总统全斗焕的支持
1980年12月	新任KOC主席曹项镐致电国际奥委会说明KOC决定支持汉城申办第24届奥运会，正式书面申请稍晚提交

续表

时间	事件概述
1980 年 12 月 4 日	国际奥委会宣布韩国汉城成为继澳大利亚墨尔本、日本名古屋、希腊雅典之后第 24 届奥运会第 4 个申办城市
1981 年 2 月 12 日	澳大利亚墨尔本、希腊雅典退出奥运申办
1981 年 9 月	在韩国内务部长卢泰愚建议下成立了由政府部门、企业界、新闻界、文艺界人士组成的申奥代表团，为申奥拉票

汉城申奥成功离不开朴正熙、全斗焕两届政府的全力支持，同时也与两届政府在经济建设方面取得的成就密不可分。在决策初期，举办奥运会在经济方面的风险是汉城方面最为担心的因素，毕竟之前分别在慕尼黑、莫斯科、蒙特利尔的奥运会都给主办方带来了不小的财政赤字。1950—1953 年的抗美援朝战争给半岛南北双方留下了一派萧条，伴随着停战之后政治局势逐步趋于稳定，韩国朴正熙政府从 1962 年开始实施发展经济的五年计划，在 70 年代积极推行“新村运动”，以“勤勉、自助、协同”为基本精神鼓励民众，通过农业改革和经济建设，缩短了农村与城市的差距，提高了民众的生活水平，在经济上取得了惊人的进展。“从 20 世纪 60 年代到 80 年代，韩国经济以每年 9% 的速度增长，人均收入年均增长 3%”①，到 1976 年第三个五年计划期间，“韩国由落后的农业经济变成了发展中的工业经济”②，成功摆脱了过去对外资的高度依赖。申办奥运会正值韩国开启第四个五年计划期间，韩国经济进一步高速发展，成为亚洲经济劲旅之一。在仔细分析了 1964 年和 1972 年承办奥运会的日本和墨西哥当时的经济状况后，

① 联合国粮食及农业组织：《亚洲部分经济体的快速发展：农业和粮食安全的经验与影响综合报告》，中国农业出版社 2009 年版，第 13 页。

② 吕树庭：《从美、日、南朝鲜承办奥运会引出的思考》，《体育科学》，1992 年第 4 期，第 8 页。

韩国方面判断自身在经济实力方面比以上举办地更具优势，可以尝试申办。

表 3—2 奥运会申办阶段申办目的概览

政府	时间	来源	申办目的
朴正熙政府	1979 年 9 月	KOC、教育部建议	国内：（1）民族团结（national solidarity）# （2）像 1964 年东京奥运会一样成为经济腾飞的新起点 * 半岛：（3）实质性解决南北对峙 # * 国际：（4）改善与社会主义国家关系 # （5）加入世界发达国家行列 *
	1979 年 9 月	经朴正熙决定的申奥目的	国际：（1）展示韩国的经济发展和国力 （2）提高韩国体育的国际地位 （3）通过体育比赛增进同世界各国的友谊 （4）创造同社会主义和非盟国家建立外交关系的条件 国内：（5）通过国际体育运动提高国民团结意识
全斗焕政府	1980 年 11 月	KOC 常务委员会会议讨论全斗焕态度	国际：（1）提高国家对外形象 （2）拓展同社会主义国家关系 国内：（3）鼓舞、团结民众
	1981 年 9 月	奥运申办团申办理由	国际与半岛：（1）象征东北亚乃至世界和平 （2）奥运不是工业发达国家的专属，让发展中国家申办奥运符合奥林匹克精神和宗旨

资料来源：根据汉城奥组委汉城奥运会官方报告和朴世直对奥运的记录分类整理而成；* 代表朴钟圭提议；#代表 Official report 中记录的教育部提议。

韩国的申奥提案和决定是在审慎权衡国际国内形势后做出的。除了经济方面的自我评估之外，在有申奥意向之后，朴正熙政府也要求 KOC 官员借助 1979 年“国家奥委会联合会”（Assembly of National Olympic Committee，ANOC）成立大会的机会探明韩国申奥的可能，在得到肯定的答复之后才真正着手申办①。朴正熙政府明确提出的申奥目的有五点（见表 3—2）。其中除第五点“通过国际体育运动提高国民团结意识”是出于国内政治目的，其他四项目标都富含国际政治意味：“提高体育的国际地位”表面是体育发展、建设自身的努力方向，实则暗含借助体育赛事的优异表现赢得国际社会关注和认可的政治意图；“展示韩国经济发展和国力”意在向国际社会展现积极的国家形象，这是国家更好参与国际事务的保障；“通过体育比赛增进与世界各国的友谊”以及“创造同社会主义和非盟国家建立外交关系的条件”则是对其国际政治目的和实施侧重的明确表述。同朝鲜的关系问题虽未出现在这五点目的之中，但在之前教育部递交政府的提案以及 KOC 时任主席朴钟圭私下向朴正熙总统的汇报中都有涉及。朴钟圭的建议中认为如果世界认可韩国主办奥运将是对韩国经济发展的承认，也将使韩国在南北关系中占据优势。

在经历朴正熙总统遇刺和过渡政府对申奥的消极态度之后，全斗焕政府重启了申奥进程。全斗焕总统认为，“我们不能还没有尝试推进这一历史伟业就开始被失败主义情绪感染而退缩”②。全斗焕的这一决心实际延续了朴正熙时期“新村运动”提倡的“事在人为”的观念，在成功申奥之后的奥运筹办过程中，这一精神也

---

① Seoul Olympic Organizing Committee, Official report: Games of the XXIVth Olympiad Seoul Vol. 1, pp. 36 – 37.

② Seoul Olympic Organizing Committee, *Official report*: *Games of the XXIVth Olympiad Seoul* Vol. 1, p. 34.

一再被用来鼓舞韩国民众。

可以说，能举办大型体育赛事对于韩国各阶层人民而言是一种情结。当时多数民众仍然对韩国 1971 年因无力承担 3400 万美元的开支而将 1976 年汉城亚运会的举办权交由曼谷接管记忆犹新。因此不难理解为什么汉城奥组委主席朴世直在奥运准备过程中遇到困难时会不断鼓励各方：

“我们曾经放弃过亚运会举办权。因此，万一这次奥运会以失败告终的话，韩国就没有什么希望了。到时我们将陷入思想混乱局面而不能从自暴自弃的劣等思想中解脱出来，成为葬送韩国 5000 年历史上首次碰到的绝好机会的千古罪人。从此，韩国人将失去信用（No Credit），给世界造成极坏的印象（No Image），经济也会面临困境（No Money），国际信誉下降，‘韩国制造’（Made in Korea）的声誉也会随之受到影响。”①

与朴正熙政府时期多方位的申奥目的略有不同，全斗焕时期由于正处于新政府通过军事行动执政初期，自身政权的正当性十分脆弱，因此申奥时更多强调的是对外改善形象以及发展同社会主义国家的关系。勒孔特认为全斗焕重新制订申奥计划“为他赢得了声望，也获得了辉煌的政治资本”②。值得注意的是，KASA 在向政府递交提案时，也考虑到申办失败的可能。但他们意识到即使失败，也可以积累大赛承办经验，还可以获得一个“申办候选国的名誉”，并且“可以灵活应用向其他申办国让步的权利”，由于当时国际奥委会正在讨论让雅典成为奥运会永久举办地的问题，KASA 认为这也许会成为最后一次申办机会。③ 可见，申奥在韩国精英决策层中是被作为一种展示形象和拓展关系的工具，

① 朴世直：《我策划了汉城奥运会》，中信出版社 2005 年版，第 165 页。

② ［法］勒孔特著，张秀萍、张庆文译：《汉城奥运会内幕：1988 年奥运会申办和筹备纪实》，人民体育出版社 1993 年版，第 4 页。

③ 朴世直：《我策划了汉城奥运会》，第 14—25 页。

也是调整同其他申奥国家关系的筹码，实则具有明确的国际政治动机。

虽然韩国国内充分意识到申奥附带的国际政治意义，并且表达了成功申办的决心，但是汉城如要真正成为举办城市并非易事。在韩国国内，对于是否承办奥运会问题，焦点矛盾集中在不断上涨的预算带来的经济压力①；但对于国际社会，政治问题才是韩国能否获选的关键。《纽约时报》在国际奥委会做出举办地决议前对申奥的两个城市的劣势进行了比较分析，认为日本最大的障碍来自于申办城市名古屋群众有组织地保护环境反奥运示威，而汉城如果获选将使国际奥委会不得不应对政治问题②。广泛参与是奥林匹克运动得以发展壮大的关键，但韩国与诸多社会主义国家尚未建立外交关系。如前所述，韩国缺乏举办国际综合性比赛的经验：1978 年的第 42 届世界射击锦标赛和 1979 年的第 8 届世界女子篮球赛虽然非常成功，但是前者遭到了 17 个社会主义国家的联合抵制，而后者也受到了捷克斯洛伐克、保加利亚以及该项目世界冠军苏联的抵制。同时，对于首次在社会主义国家举办的 1980 年莫斯科奥运会，韩国也由于苏联进驻阿富汗问题而响应美国主张进行了抵制。以上诸多原因使得汉城似乎并非是奥运会的恰当举办地。

值得注意的是，朝鲜半岛的现实并未成为申办奥运会的障碍，反而成为韩国申报中积极利用的因素，也成为日本落选的一个小的“技术”失误。为了能够成功申办奥运，韩国成立了由刚刚卸下戎装的时任内务部长官、全斗焕的亲信伙伴卢泰愚挂帅的申办奥运会代表团，集合体育界、政府部门、企业界、新闻界、文艺

① 此时取得巨大经济收益的洛杉矶奥运会还未召开，而以往的奥运会在财政方面多数是入不敷出，因此汉城市在韩国政府未最终决定申办奥运会前曾专门发公函给文教部称由于经济和财政原因其不能申办奥运会。

② “The end of a long Olympic race”, *New York Times*, September 30, 1981.

界各界人士，以“一切为了奥运”为感召积极投入到奥运会的拉票战略当中。奥运申办代表团确定的说服理由主要是两点：一是强调和平，二是强调发展中国家，都是结合韩国的实际做出的。由于以往的奥运会绝大多数是在欧洲发达国家举办，强调韩国的“发展中国家”定位对于奥林匹克运动本身的发展是有积极意义的，也易于在国际奥委会的官员中获得共识。而对于和平，他们做出了如下解释：

“在南北分裂的情况下，朝鲜半岛存在着随时都可能爆发战争的危险。举办奥运会能缓和局势，维持和平，有助于东北亚乃至世界的和平。如果朝鲜半岛再爆发战争，鉴于目前东西方阵营的力量部署，这场战争不会以局部战争结束，很显然会威胁世界和平，因此，在汉城举办奥运会具有象征和平的意义。”①

汉城新任市长朴英诛（Park Young Su）在国际奥委会的奥运会申办发言中向世界各国奥委会委员强调了申办奥运对于改善半岛南北关系的意义。《纽约时报》对申办结果的报道指出了本该胜券在握的日本落选的两点“技术”性错误：其一是不应该向国际奥委会成员提及名古屋市民反对奥运示威的严重局面，其二是不应特别强调自身国家政治稳定，这被视为是对韩国国内局势不稳的间接攻击而引发了国际奥委会诸多成员的反感。②

汉城如愿以偿获得了第24届夏季奥运会的举办权，韩国代表团的喜悦与其国内对于这一喜讯的大量报道是不言而喻的。

---

① ［法］勒孔特：《汉城奥运会内幕：1988年奥运会申办和筹备纪实》，第67页。

② 庞德和萨马兰奇的相关论述与国际媒体的报道有所区别，他们认为是因日本代表在发言时提及韩国尚未还清日本的欠款而引发与会各委员的反感。

但当时诸多档案[①]、记录[②]等显示国际媒介、各成员国、国际奥委会各委员对此结果却略有意外，态度各异。奥运会另一竞选方日本坦然接受了这一结果并向韩国申奥团祝贺；朝鲜奥委会代表未做任何评论离开；苏联代表在听到结果后随即愤然离开会议厅；欧洲各国以及中国媒体只做了事实性的客观报道；而国际奥委会执委会已开始考虑应对可能出现的政治问题。哥伦比亚大学历史系教授阿姆斯特朗（Charles K. Armstrong）对朝鲜半岛的国际政治意义有一种形象的评价，他说，“有些地方在国际体系中就像是历史变化后各板块间的接缝，周期性地爆发冲突，这些冲突常常超出本地区范围而拉入大国介入，即使是在相对和平时期这些地方也会不时出现紧张局势。……持续激烈的地区争端、战略要地以及主要大国的对抗使得这些地方成为全面冲突的发生地。最为典型的，一个是中东，另一个就是朝鲜半岛。”[③]

无论如何，1981 年 9 月 30 日只是开始。在随后的七年间，韩国国内动荡危机频繁出现、朝鲜在对奥运会不断提出看法和要求的同时也未放弃采取一些相应的行动、国际舆论的压力不断。为了保障奥运顺利成功举办、降低可能的安全风险，韩国、国际奥委会、苏联、美国等纷纷在其中发挥作用。汉城奥运会已不仅是各国运动员同场竞技的国际大型赛事，也不单是韩国主导的

---

① “Meeting between the National Olympic Committees of the ROK and of the DPRK held under the Aegis of the International Olympic Committee,” October 08, 1985, History and Public Policy Program Digital Archive (*HPPPD*), International Olympic Committee Archives (Switzerland) (*IOC*), SEOUL’ 88, POLITICAL MATTERS, DE 1982 A MAI 86. Obtained for NKIDP by Sergey Radchenko, Document (Doc.) 113455.

② 萨马兰奇著，孟宪臣译：《萨马兰奇——奥林匹克回忆》，世界知识出版社 2003 年版，第 129—133 页。

③ Charles K. Armstrong, *Tyranny of the weak: North Korea and the world*, 1950 - 1992, Ithaca, New York: Cornell University Press, 2013, p. 1.

展示形象、拓展关系的公共外交大戏，而是演化成不同类型主权国家、国际组织等国际政治攸关方共同的表演。

第三节 筹办初期的汉城奥运会

随着奥运会的申办成功，韩国国内开始积极有序地投入到基础设施建设当中，力争要使汉城展现出全新的面貌，这些前期工作得到了国际主流媒体正面的报道和评价。比如 1983 年 2 月《泰晤士报》[①] 和 9 月的《纽约时报》[②] 都报道了汉城奥运会良好的体育建设工作，还着重介绍了汉江污染治理与改造这一“雄心勃勃”(ambitious) 的项目，并提到汉城奥组委依据自身对私人捐助、电视转播费、体育彩票、奥运纪念品收入等的估算，坚信举办奥运不会像评论界所担心的那样带来太大经济负担，同时韩国的内务部也开始对志愿者、汉城民众，特别是出租车司机进行礼仪、外语等方面的指导。在基础设施建设和服务人员培训的同时，韩国国内也形成了由国会奥委会特别委员会、汉城奥运会支持委员会、韩国奥委会体育联盟、汉城市、全民族奥运会促进中央协议会、海外同胞后援会共同组成的对汉城奥组委的庞大支持体系，韩国政府甚至在 1981 年 12 月 31 日制定并颁布了《汉城奥运会支持委员会支持法》(法律第 3535 号)，在法律层面确保奥运会成功举办。[③]

现实主义国际关系代表汉斯·摩根索（Hans J. Morgenthau）在《政治学的困境》(*Dilemmas of Politics*) 中写道，“只要世界在

① “Seoul gets rid of the sewage to make the city smell sweeter”, *The Times*, February 16, 1983.

② Clyde Haberman, “Seoul setting a quick pace on ’88 Games”, *New York Times*, September 18, 1983.

③ 朴世直:《我策划了汉城奥运会》，第 139—148 页。

政治上还是由国家所构成的，那么国际政治中实际上最后的语言就只能是国家利益。”[①] 国家利益是一国生存和发展的必要条件，也是影响其行为的基本动因。对于1981年申奥成功至1988年奥运举办时期的韩国，成功举办奥运就是最大的政治[②]，是韩国的国家利益所在。

为了向国际社会表达韩国期望半岛和平的立场，1982年1月22日，全斗焕在国会发表的国情咨文中提出了最为综合性、系统性阐述统一理念、政策和行动等的“民族和民主统一方案”。在该方案中提议了20项加强南北合作交流、缓解紧张局势的合作示范项目，其中与体育交流和亚运、奥运安排等相关的项目有六项，即“开放连接汉城至平壤之间的道路”“停止宣传广播并撤出妨害广播之装置”“朝鲜选手可经由板门店参加在汉城举行的1986年亚运和1988年奥运”“实现南北政治、经济、学生、劳工、文艺、体育等各界人士的亲善访问”“举行各项亲善运动大会，参加国际体育竞赛派遣统一团队”以及“在停战线非武装地带设置共同运动场，在该区举行亲善运动大会”。1982年3月韩国成立体育部之时，时任总统全斗焕任命其重要幕僚、内务部长官卢泰愚改任体育部长官，又在1983年7月11日任命其为汉城奥组委主席。“对‘国家利益’的理解和认定常常具有国家决策者的政治倾向和价值观念色彩。”[③] 在汉城奥运会的筹备过程中，主要决策者为保障奥运能顺利举办、规避可能出现的国内动荡而表现出坚定的决心，也选择了尽可能克制的对外政策。如1983年10月9日，一起发生在缅甸仰光的爆炸直接导致了随同全斗焕总统出访的十余名韩

---

① 李华：《国际组织公共外交研究》，第42页。

② 窦应泰：《卢泰愚传》，黑龙江人民出版社1998年版，第216—217页。

③ 方秀玉：《战后韩国外交与中国：理论与政策分析》，上海辞书出版社2011年版，第119页。

国政府高级官员和记者遇难。[①] 该起爆炸案不仅引发了国际社会的广泛关注，也激起了韩国军方准备进行报复的强烈情绪。韩国政府及时遏制住该种情绪的蔓延，最终并未因此采取任何军事行动。

拓展同社会主义国家的联系是汉城奥运会中办时的重要目标之一，然而此时韩国与社会主义国家没有外交关系，因此在大众传媒等国际传播主要场合表达对社会主义国家的善意成为主要的争取社会主义国家参与汉城奥运会的手段。同时筹备奥运会过程中一些前期准备工作和例行活动也为韩国提供了一些与苏联等社会主义国家官员进行私人沟通的机会。

早在70年代朴正熙政府时期，韩国与苏联之间已开展了一些私人层面以及学术层面的交流。然而，随后一系列事件使韩苏关系紧张升级，韩国随后中止了本已通过的允许韩国公司经由第三方与苏联进行贸易往来的决定，苏联议会代表团的汉城之行也宣告取消，双方关系回到原点。[②] 汉城举办奥运会为双方再次尝试接触和韩国争取苏联在内的社会主义国家更多参与创造了机会。如前所述，苏联虽然抵制1984年洛杉矶奥运会，但苏联体育部长等体育官员并未缺席。韩国官员在此期间不断寻找机会同苏联的与会官员等交流，表达热切希望其参加汉城奥运会的愿望，并以同匈牙利开设了贸易促进办公室为例阐释参奥对发展经济往来的作用[③]。同时汉城奥组委在1985年10月请政府协助停止生产印有批评苏联图案或文字的帽子和T恤[④]。为了防止苏联因为其同一阵营的国家而抵制汉城奥运会，韩国也积极寻求同匈牙利、波兰、捷

① 《南朝鲜“副总理”等15人在仰光爆炸中被炸死》，《人民日报》，1983年10月10日，第6版。

② Don Oberdorfer, *The two Koreas: A contemporary history*, p. 140.

③ Victor D. Cha, *Beyond the final score: The politics for sport in Asia*, pp. 88 – 89.

④ Richard W. Pound, *Five rings over Korea*, p. 125.

克斯洛伐克、保加利亚等国家的沟通和改善关系以争取这些国家能同意参加奥运①。在 1985 年 10 月至 11 月间，这些外交沟通已初见效果，苏联已派运动员参加了在汉城举办的柔道、射箭和拳击三项国际赛事。

对于在东北亚地区的另一重要社会主义国家中国，韩国方面选择不断在国际媒体和官方声明中主动表态：总统全斗焕 1981 年在美国记者俱乐部答记者问时称“中国是韩国的朋友的朋友”；在 3 月汉城宴请外交使团时称会不受政治信念和体制影响而推进“外交关系多边化”；在 4 月接受《读者文摘》采访时称将废止“反共法”以推动与社会主义国家关系；5 月韩国外务部长在国会答复议员质询时也表示愿与苏联和中国建交；韩国从 1982 年 6 月开始对苏联、中国和民主德国发送观光宣传刊物；1983 年与中国电视台交换播放新闻节目，并在此后与中国进行了一系列体育为主的交流活动等；此后韩国外交部长李范锡在 1983 年 6 月 29 日的主题演讲中称 80 年代的半岛“最重要的目标是防止朝鲜半岛的战争发生”，称“今后韩国外交必须解决的重大课题是如何制造有利的外交环境实现与苏联、中国关系正常化的北方政策”②。这是韩国“北方外交”（Nordpolitik/ Northern policy）概念的首次正式出现，该概念在 1988 年韩国经过民主化改革而直选出卢泰愚担任第 13 任总统后，成为卢泰愚执政期间的重点外交政策。实际上，在 20 世纪 80 年代初，此时未建立外交关系的韩国和中国曾有过少数直接接触，只是接触尚未带来双方外交关系的改变。然而，

---

① 在韩国与朝鲜以及社会主义国家的联系中，大宇集团（Daewoo group）总裁金宇中（Kim Woo Choong）以及政治新星朴哲彦（Park Chul Un）发挥了重要作用；前者在 1984 年帮助实现韩国和匈牙利关系破冰并开启之后两国商贸往来，而后者在与苏联等社会主义国家联系进行秘密外交中发挥重要作用（详情可参考：Cha 2009：88 – 89；Oberdorfer 2001：149 – 150，186 – 189 相关介绍）。

② 邵毅平：《朝鲜半岛：地缘环境的挑战与应战》，上海古籍出版社 2005 年版，第 112 页。

1984 年，中国派小型代表团参加了汉城主体育馆的落成仪式，并在之后的 1986 年派出了 514 人的代表团参加了 9 月举行的汉城亚运会，种种行动展现出中国对于出席 1988 年汉城奥运会持积极的态度。

第四节　举办地危机应对

1984 年 5 月 14 日，苏联体育部长兼国家奥委会主席格拉莫夫（Marat Gramov）宣布由于考虑到其运动员的安全问题而不参加将在当年 7 月 28 日举行的第 23 届洛杉矶夏季奥运会①。这一声明引发了国际社会的诸多猜测，但苏联方面否认其行为是对奥运会的抵制，也并未仿效此前美国对诸多国家施压共同抵制 1980 年莫斯科奥运会的做法要求其他社会主义国家跟随，只是最终还是有包括苏联在内的 14 个国家选择不参加 1984 年洛杉矶奥运会。虽然这一结果较上一届莫斯科奥运会 67 个国家缺席的惨淡状况有较大好转，但是未参加国家名单中包含民主德国、古巴等诸多体育强国。据国际奥委会官网信息，这些国家曾经囊括 1976 年奥运会中 58% 的金牌，他们的缺席不能不说令奥运会这一国际大型体育赛事失色不少，因此，在奥运发展史中，该届奥运会与上届奥运会类似，也被称作是“半个奥运会”。同样，连续数届发生的对奥运会的抵制也为下一届奥运会是否应该在汉城举办带来质疑和担忧。仰光爆炸案所引发的朝鲜半岛紧张局势在韩国政府的克制政策中得以缓解，但此时韩国国内出现了学生示威引发的局势动荡。

1984 年 4 月和 5 月，学生们继续组织了大规模的反政府示威，要求全斗焕下台。学生运动在韩国国内有着坚实的基础和传统，

---

① 王崇杰：《苏奥委会主席明确宣布苏不再改变苏联运动员不参加洛杉矶奥运会的决定》，《新华社多媒体数据库》，1984 年 5 月 15 日。

李承晚政府被取代正是“四一九”学生运动的结果。汉城取得奥运会举办权提升了韩国在国际社会的关注度，一直秉承抗争传统的韩国学生也不失时机地抓住奥运周期来表达自身对政治、社会等诸多问题的不同看法，他们的示威活动经由国际主流媒体的报道引起了国家内部和国际社会的广泛关注。

1984 年 6 月，在巴黎索帮举行的国际奥委会执行委员会会议（以下简称“执委会会议”）上，法国国家奥委会主席帕尤（Nelson Paillou）提议将 1988 年奥运会移至西班牙巴塞罗那举办[①]，随后执委会做出决议，鉴于韩国国内动荡的局势，拟将奥运会移至中立国举办或是推迟八年在汉城举办[②]。此时，韩国国内虽然局势不稳，但关于奥运会的各项建设和准备却在政府各部门和民众的支持下稳步推进，许多项目建设已近完工。无论对于韩国政府还是韩国民众，如果不能如期在汉城举办奥运会都是难以接受的事实。韩国奥组委时任主席卢泰愚在接到决议消息后直接飞往瑞士洛桑与国际奥委会进行面对面沟通，在特别会议中表明韩国坚决办好奥运的态度，成功挽回了奥运会的举办权。据新华社报道，1984 年 7 月 27 日在洛杉矶的记者会上，国际奥委会主席萨马兰奇重申了第 24 届奥运会将于 1988 年在汉城举行，称这是 1981 年巴登 - 巴登举行的国际奥委会大会已经做出的决定[③]。

韩国政府在此过程中也不遗余力地向国际奥委会做出积极的表态。全斗焕在 1984 年 7 月 16 日洛杉矶奥运会召开之前写信表达会

---

① 这一提议据庞德（1994）推测是法国方面为确保巴黎获得 1992 年奥运会举办权的举措，因为巴塞罗那恰好是另一准备申办 1992 年奥运会的城市。萨马兰奇（2003）也提到过巴黎希望能够承办 1992 年奥运会，因为这一年恰是法国人顾拜旦宣布创立国际奥委会 100 周年。此后 1984 年 11 月 3 日西班牙巴塞罗那市长也表态如果汉城不能举办 1988 年奥运会，巴塞罗那准备举办。

② 窦应泰：《卢泰愚传》，第 221—235 页。

③ 《萨马兰奇重申国际奥委会关于一九八八年奥运会的立场》，《新华社多媒体数据库》，1984 年 7 月 29 日。

全力支持汉城奥运会、保障安全、尊崇《奥林匹克宪章》；随后在8月22日洛杉矶奥运会闭幕之后，在萨马兰奇的建议下又再次写信做出保证，同时还明确表示与韩国没有正式外交关系并不会在参加奥运过程中有任何不便①。这些表态的附件由萨马兰奇转发给所有国际奥委会成员、所有的国际单项体育联合会组织以及所有的国家奥委会，韩国确保汉城奥运会安全成功召开的决心也借此为国际社会广为知晓。

为了向世界展现半岛局势已趋于稳定，韩国在1984年9月同意南北之间重启红十字会谈，并接受了朝鲜对于韩国水灾的救灾物资，韩国方面还在8月至11月间先后三次提出要重启在5月份中断的南北会谈，只是该提案未得到朝鲜及时响应。在1984年11月国家奥委会（ANOC）墨西哥大会中，通过了支持参加汉城奥运会的《墨西哥宣言》，共有155个国家的奥委会表示了支持，苏联和朝鲜虽在场但未提出反对意见。在1985年2月，全斗焕发布赦令允许韩国反对党领袖金大中从美国回国，《泰晤士报》称这是韩国“政治正常化”（political normality）过程中的重要一步②。在1985年6月，朝鲜在古巴等国的建议下，正式发表声明，提出准备共同举办第24届奥运会，并得到了一些社会主义国家的声援。韩国方面对此建议最初予以了驳斥和反对，③ 但之后表示愿意参加国际奥委会主持下的南北会晤，进一步探讨此问题。全斗焕在1985年9月访美期间与里根总统的谈话中曾表达了韩国政府对此事的担忧④。全斗焕随后提出了希望得到美国支持的请求，并得到了美国正面的回复。勒孔特在分析韩国接受南北体育会谈时认为这是“向国际社会表达其友好愿望、向朝鲜方面进行安抚的一项

---

① Richard W. Pound, *Five rings over Korea*, pp. 75 – 76.

② “Mr Kim Comes Home”, *The Times*, February 8, 1985.

③ Richard W. Pound, *Five rings over Korea*, p. 84.

④ David Watts, “Chun set for warm visit to America”, *The Times*, April 25, 1985.

策略”。[①] 国际奥委会主持下的南北体育会晤于1985年至1987年间共进行了四次，三方就朝鲜如何参与到汉城奥运会进行了谨慎的讨论，相关问题的争论一直持续至奥运会举办前夕，此外，国际社会各主要媒体都在同步紧密追踪三方体育会晤的进展。

第五节　国内危机与奥运会筹办

在汉城奥运会筹备进程中，汉城奥组委曾两次面临更换奥运会举办地或延期举行的危机。如前所述，第一次危机发生在洛杉矶奥运会行将举办的1984年。这次危机在汉城奥组委积极的公共外交努力下得到化解。而更大的一次危机缘起于韩国国内的民主化运动，此次危机在1987年中旬达到高潮。

一、韩国的国内政治危机及多方式应对

韩国国内反对全斗焕政府的抗争，自全斗焕执政开始从未间断。1986年2月，在野党发动了要求总统直选和修宪的签名运动，[②] 民主化示威再度兴起，汉城几个月来接连发生学生反美、反政府示威[③]。1987年1月的一起警察拷问大学生事件促使民主化运动急剧扩大[④]。不仅仅是学生，城市的中产阶级也加入其中，呼吁国家进行政治改革。国际媒介极为关注事态发展，纷纷猜测韩国政府是否会像菲律宾的费迪南德·马科斯政府一样被推翻。

---

① ［法］勒孔特：《汉城奥运会内幕：1988年奥运会申办和筹备纪实》，第30页。

② 徐宝康：《南朝鲜人民掀起“修宪签名运动”》，《人民日报》，1986年2月23日，第6版。

③ 《南朝鲜青年学生举行反美和反“政府”示威》，《新华社多媒体数据库》，1986年8月3日。

④ 参见徐宝康：《从内阁改组看南朝鲜政局》，《人民日报》，1987年5月31日，第6版；周必忠：《南朝鲜民主斗争的新浪潮》，《人民日报》，1987年6月22日，第6版。

同时国际舆论对韩国国内危机的指责和施压也汹涌而至。比如，美国参议员肯尼迪联合其他三位参议员在美国参众两院提案，要求其政府敦促韩国政府进行改革，否则奥运有取消风险，并施压称美国将对其进行经济制裁①；同时美国奥委会官员也提及汉城奥运可能遭遇的安全问题，认为如果有风险则不参加，为此里根政府向韩国发来要求克制处理局势的信件。

奥运会召开在即，面对国际舆论以及各方压力等严峻形势，一直以强硬路线行事的执政党领袖全斗焕没有对示威群众进一步镇压，而是决定顺应民意，做出1988年2月提前下野的决定，并推举自己的政治伙伴卢泰愚为执政党新总裁。② 卢泰愚随后发表了“六二九民主化宣言”，宣布同意在野党提出的总统直接民选制度，并紧急推出了扩大政治参与空间、保障思想言论自由、新闻媒介独立化等民主改革举措。宣言中提出的“直选”、媒体自由、恢复在野党领袖金大中政治地位等声明都令在野党丧失了反对的理由，同时也以其敢于改变的政治气魄构建了自身的知名度，改变了民众对于他“全斗焕继任者”的传统印象，这些举措被国际媒体高度关注和广为报道，被认为是韩国走向政治民主化的开始。卢泰愚的宣言虽然没有抑制住激进学生团体继续之前的抗议行动，却有效地使韩国国内局势逐渐趋于稳定。1987年10月，韩国国内通过了宪法修正案，在12月的总统直选中，卢泰愚击败在野党的金大中、金泳三、金钟泌三位竞选人，当选韩国第13任总统，于1988年2月25日履职③。在这次政权更换中，奥运会事宜发挥了重要作用。新任执政党总裁卢泰愚将能够按原计划顺利成功举办

---

① 《美国会议员提议对南朝鲜实行经济制裁》，《新华社多媒体数据库》，1987年6月20日。

② 周必忠：《南朝鲜政局的新变化》，《人民日报》，1987年7月22日，第6版。

③ 徐宝康：《卢泰愚当选南朝鲜“总统”》，《人民日报》，1987年12月18日，第6版。

奥运会作为应对反对党领导人竞选的主要策略，因为如果反对党当选势必带来行政机构等的调整，从而会对奥运会的组织和管理工作带来威胁，而在此时奥运会的成功举办无疑是韩国国内各方共同的热切期待。卢泰愚政府在履职后随即推出了“北方外交”和“七七宣言”（即《民族自尊与统一繁荣特别宣言》），借此来改善同苏联、中国等国家的关系和南北关系，这些提案也顺利取得了在野党各领导人的共识。在国际奥委会官网更新的对1988年汉城奥运会各项事实的描述中，第一项就是指出“将夏季奥运会授予韩国推动了该国拥抱民主制度”①。

对于韩国政府，要保障汉城奥运会顺利成功举办，1986年和1987年是其“保安状况最危险的时期”，前者是有汉城亚运会召开，后者是规模更大的奥运会召开前夕。② 韩国的媒体以及执政者此阶段不断提及北方可能采取的行动。时任总统全斗焕要求军队以“决战”的姿态来加强韩国的安保。1987年5月韩国国防部长与美国国防部长发表联合声明，强调美国对韩国的“军事支持”，并表示在奥运期间会增强武装力量。对此，朝鲜方面一再通过政党和社团向外发表声明，批评韩国方面是在进行“无中生有的宣传”，强调通过对话和协商来解决问题，并要求美国从韩国撤走军队和核武器。③ 美国在韩国的驻军以及每年进行的联合军演一直是朝鲜政府和媒体谴责的重点。特别是在1987年、1988年，美国不断加强对韩国的军事支持，朝鲜各方不断抗议认为美国是以保卫奥运会安全为借口加强在韩军事力量，从而激化了朝鲜半岛的紧张局势。在1987年7月，朝鲜政府发表了一项特别的

---

① Demrocray embraced，https：//www. olympic. org/seoul－1988，2016－12－26.

② 《朝鲜二十二个政党社团发表声明重申北方不会“南侵”》，《人民日报》，1986年8月15日，第1版。

③ 《朝鲜报纸驳斥所谓“南侵威胁”的谬论》，《人民日报》，1987年3月28日，第6版（国际）。

裁军声明，建议朝鲜半岛北方、南方和美国进行分阶段的大规模裁军和撤军，并宣布北方会在1987年底单方面裁军10万人。[①] 但随着奥运开幕日期的临近，特别是在1987年11月末发生了韩国客机事件之后，韩国和美国方面继续加强了在韩国的军力保障[②]。此时国际奥委会组织的关于汉城奥运会的南北第四轮会晤已经结束。但在1987年7月的这次会晤中，国际奥委会与韩国共同做出的提议与朝鲜提出的共办要求还有差距，韩朝双方也未就进行单独会谈达成共识。依据《奥林匹克宪章》的规定，国际奥委会各成员需在1988年1月17日前书面回复国际奥委会是否参加汉城奥运会。对于韩国政府，要尽快稳定国内局势，时间非常紧迫。对于客机事件，韩国政府选择将其提交安理会审议。[③] 在韩国政府的协助下，汉城奥组委扩大了与世界多国在奥运会安全保障相关事宜的合作。据汉城奥组委主席朴世直记载，为了保证奥运会全程的安全，韩国同"美国、日本、联邦德国、法国等36个友好国家的情报部门"保持了紧密的联系，"奥运会期间美国派来了由两艘航空母舰组成的强大的机动舰队，驻守在东海，美国国防部还两次派副国务卿德温斯基到韩国来，建立了关于安全方面的韩美两国协助体系，美国中央情报局还派来了反恐专家，帮助我们培养安全管理技术人员"，韩国也仿效日本制定了严格的出入境管理办法，"特别是美国联邦调查局和美国中央情报局等情报机关将拥有的世界恐怖分子的数据，输入到韩国安全管理计算机终端机上，防止了危险分子的入境。输入在计算机上的世界危险分子数目竟

① 《朝鲜政府发表声明建议在朝鲜半岛分阶段裁军撤军 宣布年底前单方面裁军十万》，《人民日报》，1987年7月23日，第1版（要闻）。

② 《朝鲜指责美在南朝鲜增强军力》，《人民日报》，1987年10月5日，第6版（国际）。

③ 《就安理会讨论南朝鲜客机事件 朝鲜外交部发表声明》，《人民日报》，1988年2月18日，第3版。

达 1.6 万名”。[①]

比较棘手的问题来自于韩国国内激进的学生们，他们的抗议在 1988 年 6 月再度活跃。汉城近 70 余所高校近万名学生在 3 月的集会中提议 6 月 10 日在军事分界线的板门店举行南北学生会谈讨论南北学生交流、共办奥运一事，并得到了朝鲜学生委员会组织的 50 余所学校 5 万多名学生的积极响应，[②] 但会面最终未能实现，学生运动也因为公众支持的消减而削弱；7 月末汉城奥组委主席呼吁朝鲜参加奥运，并要求学生们克制；8 月汉城奥组委收到了由国际奥委会转发的信件，一个名为“无等山誓死团”（Mudungsan Death-defying Corps）的韩国激进学生组织写此信给国际奥委会指责韩国政府阻碍南北学生交流，并威胁将在奥运会期间进行恐怖行动；国际奥委会还转发了德国情报专家对安全局势的分析报告，并电话提示汉城组委会防患于未然。对此，新任总统卢泰愚在 8 月初号召学生们在奥运期间应该搁置“家庭争吵”的同时，从 8 月中旬开始采取比较硬性的态度处理游行示威。同时为了保障奥运期间的安全，8 月 5 日，“韩国政府分别制定了出入境管理、防恐怖活动等 26 个方面的对策，分别组织了随身保护队、场馆警卫队、运动员村警卫队等 16 支队伍，并参照其他国家为奥运会制定的特别法颁布了《维护奥运会和平法》”[③]。8 月末，汉城奥组委在奥运场馆设置了和平示威区，允许学生们经过授权后进行集会和示威。

为了提升韩国在世界的形象，更好地保障奥运会的成功举办，汉城奥组委还选用了两家公关公司为汉城奥运会游说（美国的伯

① 朴世直：《我策划了汉城奥运会》，第 244 页。

② 参见《南朝鲜学生呼吁举行南北方学生会谈》，《新华社多媒体数据库》，1988 年 5 月 16 日；《中国将派 300 名选手参加奥运会角逐》，《新华社多媒体数据库》，1988 年 5 月 18 日；《南朝鲜学生组成争取南北学生会谈的特别委员会》，《新华社多媒体数据库》，1988 年 6 月 6 日；《南朝鲜在野党领袖呼吁当局同青年学生对话》，《新华社多媒体数据库》，1988 年 6 月 10 日。

③ Richard W. Pound, *Five rings over Korea*, p. 187.

森·马斯戴勒公司和理查德·阿伦公司）。在1987年中旬开始的韩国国内局势动荡时，公关公司建议汉城奥组委主席朴世直在1987年9月亲自去美国向新闻界和电视台解释关于韩国国内动荡和奥运会筹办的各种疑问①。1987年10月《纽约时报》中刊载了朴世直的署名文章，文中回顾了韩国热情申办奥运会、积极充分的准备过程；谈及了关于韩国国内动荡的略带片面的报道，并强调了韩国政府和人民对奥运会的期待和对奥林匹克运动的推崇；说明了汉城在筹备奥运会过程中所获得的大量经济支持以及韩国和国际奥委会为朝鲜能够参与汉城奥运会所做出的积极努力；并表达了韩国人民对汉城被选为奥运会举办地的自豪感以及对成功举办奥运会的坚定信心②。在1988年9月11日汉城奥运会即将开幕之际，韩国奥委会主席曹项镐又在该报登载署名文章为奥运造势，称汉城已准备就绪，此届奥运会将是"民族的节日"（national festival），为人民带来希望和骄傲，会促进奥林匹克运动的发展，并带来韩国的复兴③。据新华社9月14日消息，韩国的11家保险公司将为参加奥运会的1.4万名运动员和官员提供人身保险。④ 次日针对几起小型学生示威行为，朴世直在记者招待会中也做出了"保证整个大会不会发生任何安全问题"⑤ 的承诺。

二、韩国在国内政治危机中与国际奥委会的交流

汉城奥运会的最大参与度是韩国和国际奥委会共同努力的目

① ［法］勒孔特：《汉城奥运会内幕：1988年奥运会申办和筹备纪实》，第43页。

② Park She-Jik, "Building bridges through world sport: Seoul dream moves on", *New York Times*, October 4, 1987.

③ Cho Sang Ho, "A National Festival, and a Source of Pride." *New York Times*, September 11, 1988.

④ 《南朝鲜对奥运会运动员提供人身保险》，《新华社多媒体数据库》，1988年9月15日。

⑤ 《南朝鲜保证奥运会安全》，《新华社多媒体数据库》，1988年9月16日。

标，为此韩国无论是最高领导层还是体育官员都一直同国际奥委会保持着紧密的联系，并不断就国内、半岛、国际形势以及奥运会的筹备和应对方案进行沟通，并积极配合国际奥委会工作，做出可能的让步。韩国方面对国际奥委会的工作和官员非常重视，比如汉城奥组委副主席金云龙曾统计称，“在汉城申办成功到奥运会开幕这段时间，萨马兰奇一共飞赴汉城16次”，[①] 而韩国都给予了萨马兰奇“国家元首高规格待遇”[②]。同时，韩国主要领导人和体育官员也在汉城奥运会的进程中与国际奥委会主席萨马兰奇之间形成了良好的个人友谊。

在1986年4月，利用国家奥委会联合会（ANOC）在韩国举行的契机，全斗焕总统与萨马兰奇就汉城奥运会事宜进行了非常细致的商谈，之后全斗焕又到洛桑与萨马兰奇进行了进一步交流。在会谈中，萨马兰奇表达了自己对朝鲜参与汉城奥运会的一些想法，建议全斗焕总统考虑一些可能的对朝鲜的让步。在两次见面中，全斗焕都肯定了国际奥委会在奥运会组织方面的最高权威地位，认为世界各国和各组织必须尊重其决定，并对其说明了汉城奥运会的安全现状[③]。他说，“我理解国际奥委会的良好意图，但我最担心来自朝鲜的影响，国际奥委会一定不能受此干扰。”他随后分析了朝鲜半岛的安全局势。全斗焕称，“向你（萨马兰奇）解释的唯一原因就是给你提供需要的支持。”全斗焕认为需要认清朝鲜半岛的军事情况、朝鲜内部的情况，各方都需要“去理解《奥林匹克宪章》和遵从国际奥委会的指引”，借

---

① 周阿堡：《萨马兰奇传》，华夏出版社2006年版，第197页。

② 樊渝杰：《夏季奥运史话》，清华大学出版社2004年版，第252页。

③ 详见“International Olympic Committee President interview with Chun Doo-hwan on North Korean Threats to the 1988 Seoul Olympics,” April 19, 1986, *HPPPD*, *IOC*, SEOUL'88, POLITICAL MATTERS, DE 1982 A MAI 86. Obtained for NKIDP by Sergey Radchenko, Doc. 113475。

此来解决问题。在访谈中，全斗焕坚定地表示，虽然韩国需要在1988年汉城奥运会之前就进行总统大选，但其国内政治局势不会影响到奥运会的筹备和举办。他确切地表示："什么也不会发生"。在与萨马兰奇的第二次见面[①]中，全斗焕再一次做出保证"即使大选是在奥运会之前一个月进行也不会影响奥运会的成功举办"，"奥运会始终有韩国人民的完全支持，即使在最不可能的情况下自己所在的政党在大选中失利成为少数派，也不会对奥运会有负面影响"。当谈及韩国国内的学生抗议，他表示这一现象并非新近出现，不能仅凭媒体照片和报道来判断，他表示"韩国完全能够没有任何安全问题，在稳定的氛围内组织好奥运会"，并能够做出"不是100%而是120%的保证"。对于与朝鲜共办奥运会的提议，全斗焕着重强调了韩国国内普通民众对筹办奥运会的支持以及各界人士在奥运会筹备方面的巨大付出；但是准备授予朝鲜两项赛事。全斗焕不断强调他如此决策的真正原因是看到了萨马兰奇作为国际奥委会主席为保障奥运会顺利举办和奥林匹克运动不断壮大所做出的努力，并期望萨马兰奇可以借此"向社会主义国家展示国际奥委会已从韩国方面得到了一些积极的进展"，从而"帮助国际奥委会和萨马兰奇"。同时，全斗焕也不忘不断提醒国际奥委会和萨马兰奇需要格外谨慎，需要重视确保绝对安全的意义。

1987年12月26日，在奥运会筹办过程中承担重要组织领导工作的卢泰愚通过直选当选韩国新任总统，当选后他对奥运会的工作仍一如既往地重视。他上任不久就写信给萨马兰奇告知一切准备顺利，表示自身虽工作任务繁重，但会尽最大努力保障奥运成功和奥林匹克运动发展。在1987年国际奥委会发

① 详见"Meeting between President Chun Doo Hwan and President Samaranch," April 25, 1986, *HPPPD*, *IOC*, 同上, Doc. 113918。

出汉城奥运会的邀请函之日，仍然在任的全斗焕总统再次写信给萨马兰奇保证奥运顺利举办[①]。同样，基于对现实的充分认识，“1987 年 7 月 14 日，韩国政府正式下达书面授权：国际奥委会和萨马兰奇可以代表韩国全权处理第 24 届奥运会全部事宜。此举等于把大韩民国整个国家和民族未来的命运，拱手交给国际奥委会和萨马兰奇”。[②] 在汉城奥运会的各类纪实以及奥运会主要参与者的传记中都可找到韩国政府和官员对国际奥委会信任、充分沟通以及对国际奥委会好的主张、建议及时响应的记述。

三、韩国国内政治危机末期的公共外交成效

虽然韩国的国内政局在奥运会前两年出现了紧急状态，但为保障奥运顺利举办而与社会主义国家的联系并未搁置。本身对奥运会筹备做出大量前期工作的卢泰愚十分明确，“汉城举办奥运会的目的就是显示韩国经济发展的实力，提高韩国体育的国际地位，创造同社会主义国家和不结盟国家建立外交关系的条件，通过这一盛大的国际体育活动提高全民的整体素质和纵览全球的意识”[③]。1986 年 4 月苏联体育部长格拉默夫参加了在汉城召开的国家奥运会联合会第五次总会，这是抗美援朝战争以来苏联首次有部长级官员来到汉城，因此国际奥委会执委庞德认为，这是韩国取得的“一个主要的政治胜利”（a major political trumph）。韩国的体育官员与苏联参会体育官员以及数名体育教练进行了正面沟通，同时格拉默夫还访问了三清洞，并与韩国国务总理卢信永进行了对话，卢表示“希望在政治、经济、文化、体育方面，增加韩苏两国的

---

① Richard W. Pound, *Five rings over Korea*, pp. 396 – 398.

② 周阿堡：《萨马兰奇传》，第 182 页。

③ 周阿堡：《萨马兰奇传》，第 183 页。

交流”，朴世直记录了这次韩苏之间的首次高层接触，称双方“相互确认了对汉城奥运会的共识，这成了以后事态发展的重要基础”①。在 1987 年 6 月 24 日，汉城奥组委副主席金云龙（Kim Un Yong）等在东京与苏联方面进行了秘密会谈，表示保障苏联运动员安全，并同意苏联在奥运期间可以停船仁川（Inchon）港，也允许为与韩国没有外交关系的其他社会主义国家使用自己的飞机、船等交通设备搭载运动员和官员②。在同年 12 月末，苏联代表团在汉城商讨住宿安排等事宜。诸多国家纷纷向国际奥委会发出接受汉城奥运会邀请的函件。“随着卢泰愚当选总统和确认东欧集团国家将参加汉城奥运会，世界范围内的新闻媒介对韩国的态度一夜之间发生了根本性变化。”③ 在 1988 年 1 月 11 日，苏联国家奥委会宣布参加奥运会，1 月 15 日中国奥委会宣布参加，同日古巴宣布不参加，但称如果奥运会“由朝鲜半岛北南双方共同举办和安全得到保障的情况下，古巴将重新考虑是否参加奥运会的决定”④，而朝鲜在 1 月 12 日已宣布不参加⑤。据统计，在 1 月 17 日汉城奥运参会答复日期截止前，有 161 个国家奥委会接受邀请。⑥这对于韩国和国际奥委会来说都是一个可喜的结果，但要保障这些国家最终真正在大赛中出现，不论是韩国还是国际奥委会都未放松警惕。而对韩国国内政局以及争取国际社会更多支持的努力仍在继续。

在 1988 年 2 月 25 日的就职演说中，卢泰愚对外表示为半岛

---

① 朴世直：《我策划了汉城奥运会》，第 94 页。

② Richard W. Pound, *Five rings over Korea*, pp. 226 – 270.

③ ［法］勒孔特：《汉城奥运会内幕：1988 年奥运会申办和筹备纪实》，第 46 页。

④ 高永华：《古巴宣布不参加第二十四届奥运会》，《新华社多媒体数据库》，1988 年 1 月 16 日。

⑤ 徐宝康：《朝鲜民主主义人民共和国宣布不参加夏季奥运会 表示将为实现朝鲜北南双方共同举办奥运会而竭尽一切努力》，《人民日报》，1988 年 1 月 13 日，第 3 版。

⑥ Richard W. Pound, *Five rings over Korea*, p. 275.

和平统一会对北方永远敞开大门，称将扩大同与韩国没有交往的大陆国家实行国际合作的渠道，推行北方外交政策；在3月光复节（Samil Indepence Day Message）讲话中，他再次发出欢迎朝鲜参加奥运会的邀请；在随后4月末进行的国民大会中，卢泰愚执政的民主正义党虽然赢得最多席位，但不足以成为多数派，所幸主要政党的领袖们在5月末进行秘密磋商后达成共识进行“奥运休战”①；在7月，卢泰愚顺应国内民众的愿望和国际社会缓和的态势，发表了著名的《民族自尊与统一繁荣特别宣言》（即“七七宣言”）进一步明确了其北方外交的主张②；在第142届特别会议中又通过决议，呼吁朝鲜参加奥运，当日民调显示绝大多数民众支持卢泰愚意在半岛和平的宣言③，这些发言之后都转发给了朝鲜。此时，苏联奥运代表团已抵达汉城，值得注意的是，苏联运动员在7月12日入住了修建在比赛场馆附近的奥运村而非单独留在停靠在仁川港的运送船只中。美国国防部长卡卢奇（Frank Carlucci）在6月的汉城安全年会上称美军不会允许任何破坏奥运会的活动发生，之后白宫方面再发声明，确认已请苏联借自身影响力保证运动会期间顺利④，西方七国在6月末的会晤中也共同表达了对汉城奥运会的支持⑤。国际奥委会的顾问皮萨尔（Samuel Pisar）在1988年中旬对局势的判断报告中认为“潜在的国际均势会保障汉城奥运会最广的参与范围和激动人心”，“东西双方都摆出缓和（détente）姿态”，但他提醒当前韩国还

① 《卢泰愚与南朝鲜3个在野党总裁举行会谈》，《新华社多媒体数据库》，1988年5月29日。

② 何喜有、［韩］申相振：《从相互隔绝到战略合作：建交后中韩政治经济关系的演化》，复旦大学出版社2016年版，第29—32页。

③ Richard W. Pound，Five rings over Korea，p. 308.

④ “Memorandum of Conversation”，Washington，March 23，1988，*FRUS* 1981－1988，Vol. VI，Soviet Union October 1986－January 1989，Doc. 138：863.

⑤ Richard W. Pound，*Five rings over Korea*，pp. 296－297.

需在奥运筹办期间“力争在体育等有限的领域达成一些协议”①。在8月初的记者招待会中，萨马兰奇表明，时间已不允许在朝鲜举办任何团体赛事，他之后建议朝鲜和韩国仍可在开幕闭幕式共同入场，韩国奥委会和奥组委随即对此建议表示赞同，但朝鲜称议会会议之后再考虑。由于南北议会谈判毫无进展，该提议也因此不了了之。②

由于奥运会期间会有许多航班往返汉城，中国和苏联都对韩国经由国际奥委会提出的航空事务协助的请求予以了正面回应③。中国在1988年8月23日同意韩国航空奥运相关飞机特里波利（Tripoli）到苏黎世（Zurich）航线可以多次飞越中国领土，随后苏联方面也做出了韩国航班可以飞越苏联领空（即西伯利亚航线）的决定，这是非常重要的示好举措。中苏对韩给予航空支持的举措向国际社会发出了重塑关系的积极信号。

韩国以筹办奥运会为契机、与国际奥委会通力合作并合理放权，通过大众媒体报道、官方声明、与媒体合作公关、会谈沟通等多种国际传播和外交沟通手段，加强了国际社会对韩国的了解，拓展了与社会主义国家的联系，在国内民主化运动和国际舆论的推动下积极应对，开启了政治民主化改革，树立了新的国际形象，与其他诸多国际因素一起促成了汉城奥运会的顺利成功举办。

---

① “Letter from the President of the International Olympic Committee to Roh Tae-Woo with a Proposal for Further Initiative Between South and North Korea,” June 30, 1988, *HPPPD*, *IOC*, SEOUL' 88, POLITICAL MATTERS 1988 – 89; SEOUL ' 88/ POLITIQUE (JANVIER-JUILLET). Obtained for NKIDP by Sergey Radchenko, Doc. 113522.

② 《朝鲜北南国会会议第4次预备接触仍未能达成协议》，《新华社多媒体数据库》，1988年8月27日。

③ “Letter from the President of International Olympic Committee (IOC) to the President of the USSR Olympic Committee,” August 24, 1988, *HPPPD*, *IOC*, SEOUL' 88, POLITICAL MATTERS 1988 – 89; SEOUL ' 88/ POLITIQUE (AOUT-DECEMBRE). Obtained for NKIDP by Sergey Radchenko, Doc. 113546.

依据国际奥委会官方网站记录，汉城奥运会共有159个国家奥委会成员参加①，创下了当时奥运历史上参与成员最多的纪录，其中包括24个与韩国尚未建立外交关系的国家，只有朝鲜以及古巴（Cuba）、埃塞俄比亚（Ethiopia）和尼加拉瓜（Nicaragua）等少数国家没有参加。汉城奥运会的成功召开被随后证实开启了韩国一个新的时代。国际奥委会主席萨马兰奇将此届奥运会称为“神话的创造”，认为“汉城奥运会超越了意识形态的分歧和民族利益，在实现人类和平的进程中产生了巨大的影响”。② 汉城奥组委主席朴世直更是在奥运相关各项活动成功举办之后激动地讲道：“一个曾沦为殖民地的国家，一个历经民族的分裂与战争的国家，一个处于民主化漩涡的国家举办了这次奥运会。它促成了奥运史上最大规模的东西方和解，从而使我们重新找到了古希腊奥林匹克精神。”③

---

① 国际奥委会当时共有167个成员。

② 朴世直：《我策划了汉城奥运会》，序XVII。

③ 朴世直：《我策划了汉城奥运会》，第11页。

第四章

韩国与国际奥委会的奥运会筹办互动

“国际奥林匹克委员会”（简称“国际奥委会”）于1894年在法国首都巴黎成立，其成立“标志着现代奥林匹克运动的诞生”①。作为一个“国际性的、非政府、非赢利的组织”②，国际奥委会是国际奥林匹克运动的最高管理机构，它“与其成员国或地区以及国际单项体育组织相互承认”，“依据奥林匹克宪章领导奥林匹克运动”③。《奥林匹克宪章》总则规定“国际奥委会需要保证奥运会尽有可能广泛的受众参与”（secure the widest possible audience for the Olympic Games），“国际奥委会全权负责奥运会”（owns the rights over the Olympic Games）。依据奥林匹克宪章，国际奥委会“在全世界的范围内领导奥林匹克运动健康发展；鼓励组织和发展体育运动和体育比赛；保证奥运会的正常举行；鼓励青年参加体育活动并从中受到教育，为建立一个和平和更加美好的世界而作

---

① 杨铁黎：《体育概论》，人民体育出版社2014年版，第233页。

② 李麟：《奥运百科》，内蒙古人民出版社2008年版，第97页。

③ 钱瑞娟、刘焱：《国际组织指南》，中国社会出版社2006年版，第134页。

出贡献。”① 换言之，作为奥林匹克运动的推行者和维护者，国际奥委会代表的奥林匹克运动独特的生活哲学为各个成员国开展更多的交流、合作等提供了基础和契机。在汉城奥运会问题中，主办方韩国与国际奥委会的目标是高度一致的。双方在奥运会的整个筹办过程中展现出惊人的互信，为汉城奥运会的顺利举办铺平了道路。

第一节　国际奥委会对汉城奥运会的认识

汉城奥运会是萨马兰奇为主席的新一届国际奥委会从申办到举办所全程经历和负责的第一届奥运会。胡安·安东尼奥·萨马兰奇是国际奥委会第七任主席（1980—2001 年），在投身奥林匹克运动之前，他曾是西班牙巴塞罗那一个经营纺织业的成功商人，同时在西班牙国内又是一位知名的旱冰球运动员和教练，在他担任西班牙冰球联合会主席期间曾率领西班牙队在世界锦标赛中取得了骄人的成绩。他在 1954 年被任命为巴塞罗那市政府主管体育的官员，1955 年成为巴塞罗那议员，1967 年开始担任西班牙体育部长和国家奥委会主席，到 1977 年被任命为西班牙与苏联恢复外交关系后首位驻苏联大使之时，他在西班牙政界已拼搏了 23 年，并享有良好的声誉。由于长期从事体育相关工作，萨马兰奇很早就与奥林匹克运动结缘，他于 1966 年当选国际奥委会委员，1974 年成为国际奥委会副主席，在 1980 年莫斯科奥运会期间召开的第 83 届国际奥林匹克委员会全会中被推选为新任国际奥委会主席。

在奥林匹克运动发展史中，萨马兰奇是一位发挥关键作用的人物。他在 1980 年 8 月正式履职之际，就做出决定要常驻洛桑，全

① 安国政：《世界知识年鉴 1998—1999》，世界知识出版社 1999 年版，第 1118 页。

职从事奥林匹克运动相关工作①。萨马兰奇的这一决定也带来了国际奥委会管理机制的改革。在萨马兰奇的努力下，1981 年 9 月 17 日，国际奥委会这个虽有 80 余年历史却没有明确法律地位的“国际性的、非政府的、非赢利的、具有法人地位的协会”被瑞士联邦委员会法令所承认，瑞士洛桑也成为国际奥委会的永久驻地。②同样，在萨马兰奇和同僚们对原有体制的不断完善中，国际奥委会实现了财务自治，开启了不牺牲主办国经济利益为特色的奥运会的新模式。在周阿堡为萨马兰奇写的传记中，极尽对其贡献的赞美之词，称“现代奥林匹克运动在他的运筹下仿佛获得了神谕般的昭示，从低谷走上巅峰，缔造了一种前所未有的史诗般的辉煌，实现了几乎不可能实现的四海兄弟、普天同庆这一人类终极梦想，抵达了几乎不可能抵达的天下共乐、世界大同的迷幻般的人间天堂”③。

在 1988 年汉城奥运会之前，因为政治问题，奥运会已连续三届遭遇一些国家的联合抵制，奥林匹克运动自身正在经历严峻的发展危机。然而，1981 年的巴登 - 巴登会议选择汉城作为 1988 年夏季奥运会的举办地，使奥林匹克运动不可避免地再次和政治关联。实际上，汉城在巴登 - 巴登会议中胜出并非萨马兰奇的期望。作为一位有着 20 余年从政经验的外交家，他早已意识到该结果可能引发的政治问题，在会议结束当天的日记中，萨马兰奇写道：“糟了，国际奥委会大概惹上了麻烦，我可能要背上一副枷锁，是的，真的给自己背上了一副枷锁。”④

国际奥委会前主席布伦戴奇（Avery Brundage）和同仁们曾不断努力期望奥运会与政治脱离，他甚至主张“一些被误导的人以

---

① 萨马兰奇之前的主席们多数是在自己国家处理奥林匹克相关事宜。
② 刘宝恒：《奥林匹克知识 》，吉林大学出版社 2006 年版，第 2 页。
③ 周阿堡：《萨马兰奇传》，第 2 页。
④ 周阿堡：《萨马兰奇传》，第 171 页。

为奥林匹克体育比赛能当做政治工具而使用，这是十分荒谬的。如果细小的政治活动进入奥林匹克事务，奥运会也就结束了”[①]。但政治反而更进一步成为20世纪五六十年代布伦戴奇掌管国际奥委会期间奥运会的推动力，这一状况在七八十年代仍未消减。1980年莫斯科奥运会召开前夕，由于苏军进入阿富汗问题，宣布抵制此届奥运会的国家迅速增多，时任国际奥委会主席的基拉宁男爵（Michael Morris，3rd Baron Killanin）在谈话中对奥运会的前景表达了悲观情绪，他说：“我很希望这次运动会正常举行。但是应该正视现实，许多西方运动队参加莫斯科运动会的可能性很小。……我们无能为力。”同时他还讲到，“作为国际奥林匹克委员会主席，我要么去莫斯科……要么辞职。但是作为一个人，我要抗议和抵制！”[②] 显然，在基拉宁看来，国际奥委会对各成员国的作为并无任何办法，只能从个人层面表达不满。

与前任主席对奥运会面临的政治问题置身世外的态度不同，有丰富从政经验的萨马兰奇认识到了国际政治现实，也深知奥林匹克运动发展困境，进而选择积极参与国际政治互动，在韩国政府倾力支持下与国际社会共同合作推动奥林匹克运动中政治问题的缓和与解决。在这些参与当中，萨马兰奇曾作为外交家的丰富经验以及作为成功商人的敏锐灵活的交流方式和行为都得到了良好的发挥，为汉城奥运会最终实现最大参与度奠定了基础。

在1984年的汉城奥运举办地危机得以化解之后，国际奥委会在任何场合都坚定支持汉城举办奥运会，并在各个会议中不断重申“1988年夏季奥运会举办权在1981年授予汉城，国际奥委会有责任尊重《奥林匹克宪章》以及国际奥委会与韩国的国家奥委会

---

① 崔乐泉：《奥林匹克运动通史》，青岛出版社2008年版，第350页。

② 《新加坡和孟加拉国决定不参加莫斯科奥运会 国际奥委会主席对莫斯科奥运会前景表示悲观》，《人民日报》，1980年5月5日，第6版。

和汉城签订的条约”，[①] 即使在奥运会举办前一年韩国国内的民主化运动已导致执政党推举新的总裁并需要在奥运会开幕前进行总统直选时，国际奥委会也没有因为国际舆论的部分负面报道以及韩国国内的局势而更改在汉城举办奥运会的决定。为此，韩国体育部长李（Lee Sei Kee）曾在1987年7月8日专门致信感谢萨马兰奇面对媒体施加的又一轮更换举办地的压力给予韩国的坚定支持；美国东亚暨太平洋事务助理国务卿席格尔（Gaston Sigur）也在7月10日发来信件赞扬萨马兰奇立场坚定的声明，并表达了对韩国国内进行政治改革积极前景的肯定[②]。

由于国际奥委会在汉城奥运会筹备过程中不断以奥林匹克精神为思想感召，提前准备、主动参与而非被动去响应各方的态度，摆脱了自身在国际政治舞台曾经的孤立，与各方合力促成了此届奥运会最大参与度和顺利举办，同时实现了自身的组织发展目标。

第二节 国际奥委会与韩国政府的公共外交协作

对于汉城奥运会，韩国和国际奥委会最关心的是两个问题：一是最大参与度；二是安全。两大问题又是彼此关联互为因果的。当然国际奥委会也对各项工作赋予了一些与自身机构发展相关的附带目标，比如期望赢得主办国和世界各国对奥运会的支持以及对奥林匹克精神的认同等。

汉城奥运会的政治困扰主要来自三方面：冷战体制下依旧存在的意识形态相异的观念、朝鲜半岛南北双方的紧张对峙以及韩国

① 《萨马兰奇重申国际奥委会关于一九八八年奥运会的立场》，《新华社多媒体数据库》，1984年7月29日。

② Richard W. Pound, *Five rings over Korea*, p. 240.

国内政局不稳定。国际奥委会相应在这三方面与韩国政府合作加强与各国交流寻求理解与支持，消减奥运会的安全风险和缺席可能性。

对于韩国汉城获得1988年夏季奥运会的举办权，朝鲜最初并未做出过多反应。如前所述，在1981年的巴登－巴登会议中，朝鲜奥委会代表金俞顺（Kim Yu Sun）在听到结果后未做出任何评论随即离开现场，随后在大会尚未结束时被召回国。

国际奥委会争取汉城奥运会顺利举办和更大参与度，特别是朝鲜以及社会主义主要国家参与的努力主要是在第23届洛杉矶奥运会结束之后，即从1985年才全面展开的，但许多筹划和准备在1984年已经做出。由于新任国际奥委会主席萨马兰奇个人独特的从商从政经历和人际网络使得他比前几任主席能够更为及时、准确地获知各国政策、态度等重要信息，并预先做出判断和应对。因此，虽然关于组织南北会晤的正式声明是在1985年7月才对外发布的，但当古巴领导人在1984年11月末发来信件对汉城作为奥运举办地提出质疑，并提议南北共办奥运时，国际奥委会坦然回复并感同身受地告知对方自身也意识到可能的困难，并已经着手准备召集双方会晤来促使问题能够得到更好的处理和解决。

一、国际奥委会在制度与国际媒体中对汉城奥运会的支持

奥运会接连因政治问题遭遇抵制以及承办奥运会给主办城市带来的经济压力等问题使得20世纪中后期奥林匹克运动陷入低谷，国际奥委会也因此积极投入到对自身的多项改革中，其中1984年国际奥委会针对缺席奥运会的制裁问题以及参加奥运会的邀请的发放问题做出的决定为汉城奥运会的更广泛参与提供了制度保障。

在奥运抵制风潮中，对抵制国家实施制裁的问题被不断提及，

然而一旦制裁方案通过，势必为奥运的参与带来重大影响。洛杉矶奥运会结束后，在1984年底进行的第89届国际奥委会代表大会特别会议中讨论了该提案，但未通过，只是增加了一些限制，如“抵制奥运会的国家和地区的体育官员将不再允许出席奥运会；抵制国家和地区参加奥运会的裁判员人数将被限制到最低限度；抵制国家和地区的采访奥运会的新闻记者人数将裁减一半”等①。这些举措使得各成员国在做出不参加的决定时增加了一层顾虑，但不至于对下一届奥运会的整体参与情况造成决定性影响。因此缺席1984年奥运会的苏联、民主德国等16个国家可以参加汉城奥运会，这为韩国实现通过奥运拓展与社会主义国家联系以及赢得更多国家参与的政治目标的实现提供了可能。

此外，在这次特别会议中，国际奥委会对《奥林匹克宪章》条目进行了修改。在1984年之前，关于奥运邀请函的发放规定如下：

> “奥运会之邀请函应在国际奥委会的指示下由奥运会组委会发出。……所有邀请函必须同时以航空挂号邮件而非外交渠道发出，不能使用个人递送方式。”②

1985年，该条目已做出调整：

> “奥运会之邀请函应由国际奥委会在奥运会开幕前一年发出。……所有邀请函必须同时以航空挂号邮件而非外交渠道发

① 章挺权：《国际奥委会代表大会作出对抵制奥运会的国家和地区不作任何制裁的决议》，《新华社多媒体数据库》，1984年12月4日。

② https：//stillmed. olympic. org/media/Document% 20Library/OlympicOrg/Olympic-Studies-Centre/List-of-Resources/Official-Publications/Olympic-Charters/EN-1984 – Olympic-Charter. pdf，2016 – 12 – 25.

出。各国家奥委会收到邀请函后需在邀请函发出日期后四个月内以挂号信方式做出回复，以邮戳时间为准。”①

该调整意味着从1988年奥运会开始，奥运的邀请函将直接由国际奥委会准备和发送，而非主办城市的奥组委，这可以“避免发出邀请的国家和被邀请的国家之间产生一些毫无道理的政治联想”②。同时，修改中还明确邀请函是在奥运开幕前一年发出，各国奥委会需要提前八个月决定是否参加。洛杉矶奥运会曾发生苏联在大会临近开幕时宣布不参加的情况，之后引发十余国效仿，该项修改有效减少了各国奥委会在政治形势变化中临时更改决定的可能性，对于汉城奥运会的更大参与度、更好筹备具有十分积极的意义。

二、国际奥委会与社会主义国家的沟通和传播

虽然在汉城奥运会筹备的20世纪80年代，冷战初期的紧张对峙已趋于缓和，但1980年、1984年连续两届奥运会中诸多国家的缺席清楚地显示东西阵营的针锋相对仍未消解，体育大赛的非政治化之路仍然步履维艰。汉城作为奥运举办地的敏感性虽然低于莫斯科和洛杉矶这两个城市，但韩国和朝鲜在美苏对峙中的身份和特殊历史情境下形成的民族分裂使得此次奥运会的前景扑朔迷离。由于韩国与朝鲜关系紧张，与社会主义主要国家都没有外交关系，在韩国意图拓展与这些国家联系的奥运会尚未召开时，争取广泛参与的努力还需要依赖国际奥委会这一国际非政府组织的

---

① https：//stillmed. olympic. org/media/Document% 20Library/OlympicOrg/Olympic-Studies-Centre/List-of-Resources/Official-Publications/Olympic-Charters/EN-1985 – Olympic-Charter. pdf，2016 – 12 – 25.

② Richard W. Pound，*Five rings over Korea*，p. 129.

各项行动来实现。

在冷战时期，苏联是发挥关键作用的国家。汉城奥组委主席朴世直在对该届奥运会的纪实中写道，“看着160个国家奥委会[①]选手团入场，我受到了‘东西和谐’的梦想真正展现在眼前的电击般的感动。尤其是在苏联选手团入场时，那种感觉最真切。因为苏联掌握着汉城奥运会成败的命运。”[②] 国际奥委会与韩国做出了一致的判断，因此洛杉矶奥运会闭幕刚刚一个月，萨马兰奇的赛后首次出访即是奔赴自己曾担任大使的苏联莫斯科参加亚非拉国家奥委会的奥运团结会议（Symposium of Olympic Solidarity），并在其间同苏联国家奥委会主席格拉莫夫进行了交流。对于这次行动，国际奥委会副主席庞德以一个旁观者的身份给出了很具代表性的评估，他认为此次会面是国际奥委会向苏联发出的“一个明显的信号”（a clear signal），即“国际奥委会知道也十分关注可能的问题，并希望能得到苏联的帮助共同解决”，他的分析认为苏联虽然对其主办的1980年奥运会遭遇大规模抵制心怀不满，但对国际奥委会及其下属各机构以及部分国家曾经全力支持使得大会得以顺利召开存在着一种“债务人关系”（debtor relationship）式的感激，并且苏联历来积极参与奥运会，国际奥委会此访展现了对苏联的重视[③]。80年代中期开始，美苏双方在各自对外政策方面进行调整，双边关系也从美国里根总统第一任期内的高度紧张对峙逐渐走向缓和，1985年11月至1988年12月间双方共进行5次最高领导人会晤和谈判，对于每次峰会，萨马兰奇都会代表国际奥委会给美苏双方发电报祝贺，并不失时机地与苏联的体育官员联系表达希望协助解决朝鲜问题。这些举措显然与其他诸多因素一起发

① 汉城奥组委官方报告等诸多材料中记载的参赛国家和地区总数为160个，但是在国际奥委会官方网站更新的信息中，该数目已修改为159个。

② 朴世直：《我策划了汉城奥运会》，第94页。

③ Richard W. Pound, *Five rings over Korea*, pp. 54 – 55.

挥了作用：1988 年 6 月美苏莫斯科峰会结束后，双方最高领导人首次在官方声明中提及支持奥林匹克运动，表示会通过体育竞赛推动国际合作和理解。

对于在 1979 年刚刚重获国际奥委会成员国身份的中国，1984 年在诸多社会主义主要国家抵制的情况下坚定参加洛杉矶奥运会以及派小型代表团参加 4 月的汉城奥林匹克体育馆落成仪式等行动已预示中国会参加汉城奥运会，并且中国国内因为运动员屡创佳绩正在不断推广体育建设，将其作为新形势下提升形象以及步入国际化的途径之一。国际奥委会此时的主要任务是将中国参加的可能性提高至确定性。实际上从中国重获成员国身份开始，国际奥委会就与中国奥委会频繁接触，特别是在 1982 年至 1985 年间，曾多次为中国体育官员授予奖章奖励其在中国体育发展和推动奥林匹克体育建设方面的成绩。同时，国际奥委会也积极鼓励中国申办亚运会、奥运会，加深了其对奥林匹克运动的认同，北京在 1985 年 9 月的汉城会议中获得了 1990 年亚运会的举办权。

在汉城奥运会召开前，国际奥委会主席萨马兰奇连续七年坚持参加了所有社会主义国家体育部长的年会，并利用各次会议时间与尽量多的代表会晤，对奥林匹克精神进行倡导，针对可能的对国际奥委会或汉城奥运会的不同声音给予及时的回应。[①] 在 1985 年 11 月的越南河内召开的社会主义国家体育部长年会中，萨马兰奇也应邀出席及发言，他对奥林匹克运动的意义进行了宣扬，对汉城作为奥运会举办地的决定做出了重申，并明确共办比赛不符合《奥林匹克宪章》规定，有效降低了会议达成不利于汉城奥运会决议的可能性。1987 年 9 月萨马兰奇参加了在叙利亚举办的第

① 参见 Richard W. Pound, *Five rings over Korea*, p. 55；向奎观：《国际奥委会邀请各国和地区参加明年奥运会 朝鲜北南双方共同举办 1988 年奥运会问题仍将磋商》，《人民日报》，1987 年 9 月 19 日，第 3 版；"Sport people: Olympic Accord Seen", *The New York Times*, November 19, 1986。

10 届地中海大会，此前曾有报道称叙利亚将抵制汉城奥运会，萨马兰奇借助大会对此进行了回应；他在月末参加圣彼得堡第 36 届社会主义国家体育部长会议时，全文宣读了国际奥委会主持下的南北双方第四次会晤决议。

第五章

大型体育赛事的公共外交新趋势

伴随着国际格局的不断调整以及世界各国建设重心向经济发展方向转移，20 世纪 80 年代开始，特别是全球一体不断推进、科技发展日新月异的当今世界，以国际大型体育赛事为平台的公共外交呈现出诸多新的发展趋向。

第一节　经济效益与大型体育赛事的公共外交

大型国际体育赛事是一场规模宏大的社会文化交流活动，然而在国际奥林匹克运动的发展历程中，庞大的财政投入一直是困扰各主办方和国际奥委会的难题之一。比如 1972 年慕尼黑奥运会花费了主办方 10 亿美元，1976 年的蒙特利尔预计总花费为 12 亿美元，1980 年莫斯科奥运会花费 90 多亿美元①，赛事的举办给主办

---

① 李沐阳：《大型体育赛事公共关系探讨及各届奥运公关活动评析》，《四川体育科学》，2009 年第 4 期，第 2 页；"Report from City Administrative Officer to the Council," May 2，1977，Tom Bradley Papers Collection 239，Box 203，Folder 5，UCLA. 转自 Josh R. Lieser，"Los Angeles and the 1984 Olympic Games：Cultural Commodification，Corporate Sponsorship，and the Cold War"，Doctoral dissertation，University of California，2014，pp. 59 - 60。

城市和国家带来了沉重的经济负担。

1984年洛杉矶奥运会是20世纪下半叶奥运筹办史中兼顾经济效益的第一个成功案例，它成功摆脱了50多年来奥运主办城市承受经济损失的禁锢，带动了此后同类大型体育赛事日趋多样化的公共外交主体和领域的加入。

一、洛杉矶奥运会的尝试

洛杉矶奥运会的举办与汉城奥运会处于同一历史时期，但是在奥运发展史的记录当中，它却因为对大型体育赛事的商业化运作而取得的出人预料的成功留下了自身独特的印记。美国学者通常将美国在洛杉矶奥运会及之后大型国际体育赛事筹办中的表现视为自身国家强大“软实力”的标志。

由于两次世界大战以及期间不断发生的各类冲突、对抗，奥林匹克运动在20世纪初期已步入低潮。20世纪70年代开始，由于政治、宗教等问题，连续多届奥运会都有国家或地区选择抵制。同时，对选择洛杉矶这座内部种族问题严重的城市作为奥运会主办城市的决策也一直受到国际社会的诟病。

财政投入并非洛杉矶在奥运申办之初就早已解决的问题。相反，当洛杉矶市政府获悉1976年蒙特利尔继之前多届奥运会之后，需负担高达10亿美元的巨额债务后，洛杉矶市政府准备撤出奥运申办，美国政府也声明绝不做出财政补贴。多方协商之后，洛杉矶最终选择的解决方案是将奥运会的举办私有化，即将洛杉矶奥运会的筹办交由一个私人公司——洛杉矶奥组委（Los Angeles Olympic Organizing Committee，LAOOC）负责。依据美国国家奥委会、洛杉矶市政府与洛杉矶奥组委的协议，洛杉矶奥组委将依据协议承担是届奥运会所有花费，并直接负责赛事的计划和运营，城市会配合其间的计划和决策。①

随后，洛杉矶奥组委在认真分析和考量之前数届奥运会经济管理模式后，积极利用广告和企业赞助，并通过与赛事同时举办艺术节（The 1984 Olympic Arts Festival）的方式，成功解决了筹办中的经济困顿。在邀请各国艺术家参加文化艺术交流中，奥组委组织了诸多与体育赛事同步的奥运景观表演，在展示各国特色之外重塑了自身城市形象，并展现了其国家兼容并包、经济繁荣的形象。

广告和企业赞助，或称赛事的商业化运作，早在19世纪末的体育赛事，特别是发达国家内部的职业赛事中就有应用。当时针对一些广受欢迎的拳击比赛、足球比赛，会有企业争夺电视转播权、为选手提供赛事奖品，并开展一些产品的营销活动，只是这些运作尚未广泛铺开。20世纪80年代，媒体技术的进步助推了上述营销手段的推广，洛杉矶奥运会以此为契机，也充分发挥了对观赏性强的竞赛项目电视转播权的竞争，实则也开启了商业、媒体和赛事相融和的新的现代商业运营模式。洛杉矶奥组委将其赞助划分为正式赞助商、供应商、纪念品营销商三个层次，进行竞选集资②。诸多私有企业，如可口可乐（Coca-Cola）、麦当劳（McDonald）、安海斯—布希（Anheuser-Busch）、佳能（Canon）等，在奥运会期间以大赛为平台，展示其私人企业的强大经济管理和运营实力及创造力。洛杉矶奥运会自身也成为50年来唯一一

---

① IOC, "Telex to Mayor Bradley: Agreement Between the City of LA and the IOC & Agreement Between the IOC and the LAOOC," August 31, 1978, Tom Bradley Papers, Collection 239, Box 874, Folder 2, UCLA; Tom Bradley, "Memo to the City Council of Los Angeles," September 5, 1978, Tom Bradley Papers, Collection 239, Box 874, Folder 2, UCLA. 转自 Josh R. Lieser, "Los Angeles and the 1984 Olympic Games: Cultural Commodification, Corporate Sponsorship, and the Cold War", Doctoral dissertation, University of California, 2014, pp. 66–70。

② 孔庆鹏：《大型体育竞赛的商务运作和经营开发》，《体育与科学》，2014年第4期。

届在繁复的奥运筹办过程中获得营利的奥运会。在洛杉矶奥运会之后，大型体育赛事对企业的号召力越来愈大，美国的体育竞技活动进一步发展成为商业化运作的大型产业。

洛杉矶奥运会的运作模式也给予了国际奥委会有意的启发。国际奥委会时任主席萨马兰奇此后立即主导展开了其机构内部的商业化改革。有国际奥委会推出的“奥林匹克全球合作伙伴”TOP计划，借鉴了企业竞标的模式，跨越时间和空间界限，为奥运会在全球范围内招募长期合作伙伴，为奥运会赢得了丰富的赞助资源，有效解决了机构自身的经济不独立困境，也为奥林匹克运动支持经济落后国家、进一步服务推广发展创造了条件。

与体育竞技同时举办的艺术节也并非洛杉矶奥运会的首创。与以往奥运会艺术表演传递政治意图不同，此届奥运会在艺术表演的选择方面尽量去政治化，以向世界展示美国的生活为主要目标，并广泛邀约世界各地的艺术家参与，以体现文化的融合。同时，洛杉矶奥组委也运用充足的资金，修建了大型雕塑、加州拉美博物馆等诸多景观。

艺术节中各种表演、景观以及同时举办的诸多活动、展览成为洛杉矶塑造自身文化包容和国际大城市形象的主要举措。加之洛杉矶奥运会良好的经济运营和各参与方取得的巨大收益都淡化了国际政治现实中对于洛杉矶甚至美国模式的批评，以独特的方式实现了超出预期的公共外交目标。

正如郭小聪教授对国际关系领域的文化思考所示，在文化发展历程中，不同社会文明之间实则是难分高下的，但在国际关系领域确可以进行横向比较，因为“尽管各国民众生存环境不同，历史不同，语言不同，精神信仰也不同，可一旦发生联系，大家心目中的不同社会文明间的高下优劣其实还是可以横向比较的——那就是一个国家的经济生活水平、社会富裕程度，以及个人发展机会等。这是各国民众最易拿来相互比较的东西，如同竞争中的一个最大公约数，是全球公民基本上都认可也乐于去追求的共同生活目标”。①

二、当代奥运会商业运营发展对公共外交的推动

由于各国的国际国内政治、经济、文化等现实不同，洛杉矶奥运会之后并未普遍出现举办城市或举办地政府不给予财政支持，而完全依赖商业化运作举办奥运会的情况。不过，承办奥运会的预期经济收益问题已成为后续各届奥运会主办方考量的重要领域之一。

20 世纪 90 年代以来，体育赞助和相应的营销手段不断发展。目前，“体育赞助活动已经成为美国、意大利、德国、日本等国体育产业的一个重要组成部分”。② 国外诸多有丰富赞助经验的企业，在体育赛事的营销、推广过程中，强化了自身产业的品牌的影响力，同时得到了高于投资的丰硕收益。

相对于西方市场经济发展较早的国家，中国在大型体育赛事的商业化探索方面起步略晚。不过，中国政府也在不断思考增强大型体育赛事在市场化经济环境中的传播力和竞争力问题。比如 1995 年颁布的《体育法》规定，“国家鼓励企事业组织和社会团体发展体育事业，鼓励组织和个人对体育赛事赞助。”2010 年 3 月，国务院办公厅颁布的《关于加快发展体育产业的若干意见》指出：“努力开发体育竞赛和体育表演市场。积极引导规范各类体育竞赛和体育表演的市场化运作。借鉴吸收国内外体育赛事组织运作的有益经验，探索完善全国综合性运动会和单项赛事的市场

① 郭小聪：《守夜人与夜莺：国际关系领域的文化思考》，北京大学出版社 2014 年版，第 224 页。

② 沈佳：《体育赛事赞助目标和策略研究》，上海体育学院 2010 年博士论文，第 1 页。

开发和运作模式；支持地方根据当地自然人文资源特色举办体育竞赛活动，鼓励企业举办商业性体育比赛，积极引进国际知名体育赛事，努力打造有影响、有特色的赛事品牌。”在 2014 年 10 月，中国国务院又下发了《关于加快发展体育产业促进体育消费的相关意见》的第 46 号文件，做出了“简政放权、放管结合，取消商业性和群众性体育赛事审批”的政策。中国的体育产业此后迎来了高速发展的新阶段，市场效益的开发不再只有依赖政府自上而下的指导，而是政府和相应的企业或赛事管理机构等多元经济主体的共同参与。企业的品牌形象、知名度、美誉度是国家形象的有机组成部分。当前，虽然中国已有一些体育服饰、餐饮等企业加入体育赛事的营销战略中，尚有诸多企业没有充分意识到大型体育赛事为自身品牌和产品走向全球经济中心提供了难得的机遇，也没有做出统筹规划就有效平衡投入和收益问题形成长期的战略和布局。

在大型体育赛事的申办、筹备、举办直至大赛之后的后续事宜处理过程中，牵涉到复杂的与参与企业和部门人力、物力、财力产业链进行协调配合。同时，伴随着大型体育赛事为平台的各国交流的增多，大赛中的参与主体日趋多面化、多元化，国家和地方政府、国际和当地体育组织、媒体、参与企业、个人等等不一而足。大型体育赛事的公共外交也逐步由政府主导的沟通和传播向由政府与民间力量共同协作以项目更好实现为目标的公共外交模式倾斜。

第二节 科技进步与大型体育赛事的公共外交

人类社会的发展与科技进步休戚相关。杨木森[①]对科技革命对

① 杨木森：《科技革命与体育运动研究》，《北京体育大学学报》，2005 年第 5 期。

现代竞技体育的发展进行了历史性归纳，得出“第一次科技革命催生了现代体育运动”，“第二次科技革命使信贷体育经济运动蓬勃兴起”，而“第三次科技革命使现代体育竞技运动向着更快、更高、更强方向发展”，并特别强调科技进步对任何当代竞技体育项目发展的决定作用。

大型体育赛事是体育界的高科技盛会。科技进步促进了现代化体育场地、体育器材等体育硬件设施的更新，激发了体育产业的快速成长。它是经济发展的重要组成部分，为现代体育进一步发展创造了条件，也为相关研究拓展了新的研究领域。

科技进步对于公共外交的推动作用主要体现在赛事筹办进程中彰显国家实力的科技技术的高密度聚合以及传媒技术的高效率、多样化发展两个层面。

一、科技进步与大型体育赛事的科技实力

在大赛组织的各个阶段，基础设施建设、创意文化产品设计、报道转播等诸多环节都需要坚实的科技实力为后盾，需要技术创新和技术转移的即时融合。

1996 年亚特兰大奥运会期间，数万名运动员有条不紊完成各自比赛任务、数目庞大而复杂的信息及时准确地在赛事场馆间传递曾引起各国观众的惊叹。这主要归功于本届奥运会赞助商 IBM 电脑公司为此届奥运会提供的先进的联网电脑系统，这些电脑分四个子系统协调运作，缩小了信息传递的时间差①，也展现了美国私有企业强大的科技研发和应用实力。

体育科技的进步也延伸至运动服饰等运动员产品的开发和应用当中。2000 年悉尼奥运会期间多家国际知名体育企业推出了一批

① 卡拉：《科技进步——体育运动的一场革命》，《中国科技信息》，1997 年第 19 期，第 11 页。

高科技的运动服、举重服、泳装、跑鞋。以斯皮多公司在是届奥运会推出的"快皮"仿鲨鱼皮泳衣为例，实验证实，穿着该种泳衣其"纤维可以减少水3%的阻力"①，奥运会预选赛中，多名游泳运动员因为穿着该种泳装打破了世界纪录。在赛事未开始前，这些高科技体育器具即将亮相的信息就已在国际媒体中广泛流传，极大吸引并提升了国际公众对赛事的关注，也强化了这些体育品牌在国际的知名度。

在2004年举办的雅典奥运会中，"希腊政府采用最新的视频监控设备和技术，形成了陆、空一体的视频采集和巡视方法，并花费巨资从美国科技应用国际公司购进一套C4I系统"，赛后这套系统及其操控成为奥运会为希腊雅典留下的重要"安保遗产"②。

"科技奥运"是2008年北京奥运会的宣传口号之一，为此主办城市北京制定了五大保障策略，即"数字奥运战略、新建筑战略、新材料战略、环保科技战略和生物医药科技战略"。以北京奥运会主场馆"鸟巢"的修建为例，该场馆在修建过程中遇到诸多技术困难，同时也在解决难题过程中催生了多项科技的创新，该工程的完成实际聚合了"建筑技术、新材料技术、信息技术、生物识别技术等先进技术"③，展现了当代大型体育赛事成功申办对主办方高科技技术能力的巨大依赖。

同样，发端于科技进步与人类生活互联网化，"大数据"的概念逐步进入竞技体育的相关领域。大数据被应用于运动员的训练，

① 杨木森：《科技革命与体育运动研究》，《北京体育大学学报》，2005年第5期，第602页。

② 黄友发、胡利军、冯连世：《体育科技对体育产业发展促进作用研究》，《体育文化导刊》，2008年第8期，第23页。

③ 董传升：《大型体育赛事中科技价值传导的聚散模式研究》，《科技管理研究》，2010年第19期，第26—27页。

依据精准的技术数据信息，规范运动员的现有技术操作，最优化现有技术水平，增强体育实力；并应用于比赛现场的成绩评定，提升比赛评价的公平性和精确度，增强比赛的紧张感和观赏价值。

诸多学者的研究已经证实体育科技发展对体育产业作为整体具有促进作用。黄西发等①的研究将这种促进作用归纳为六个方面：直接效应、内生效应、结构效应、关联效应、安全效应、金牌效应。直接效应即有形的体育产品和服务，代表着主办方的体育形象；内生效应主要是从可持续性发展角度考量提高体育产业各要素的质量；结构效应则意在通过宏观性的结构调整，增进大型体育赛事的吸引力、满足消费者对体育赛事更高层次或更个性化的追求；关联效应力图通过体育产业同技术、生产等其他行业的关联性，推动体育产业发展成为国民经济新的增长点；安全效应重在为人员生命财产、各方经济利益提供保障、趋利避害；金牌效应是指体育科技进步带动运动员整体成绩的提高，增强赛事的观赏性、关注度、参与度等，间接推动了大型体育赛事的公共外交工作。

二、科技进步与大型体育赛事的国际传播

国内外观众主要是借助各类媒体来观看和了解大型体育赛事的。大众传媒是现代科学技术与社会政治、经济的共同产物，也是现今国际社会公共空间的依托。通过大众传媒，公众或称大型国际体育赛事的目标受众，得以就感兴趣的不同主题内容通过媒介进行精神交流。大型体育赛事对社会的感召力和影响力通过各类媒体等的相关传播，不断放大，时常成为在大型体育赛事筹办进程中某一特定阶段的标志性事件。

在汉城奥运会期间，国际传播技术还比较落后，交流主要依赖

---

① 黄友发、胡利军、冯连世：《体育科技对体育产业发展促进作用研究》，《体育文化导刊》，2008 年第 8 期，第 21—23 页。

信件和电报往来、个人大规模国际会议的参与以及广播、电视和国际传统纸质主流媒体的报道。当代科技催生出诸多国际传播，特别是民间传播的新范式。在2005年风靡世界的畅销书“The World Is Flat：A Brief History of the Twenty-first Century”（《世界是平的：一部二十一世纪简史》）当中，美国资深媒体人托马斯·弗里德曼（Thomas L. Friedman）依据其多年采访报道阅历以及敏锐的观察，向世人展示了一个因为全球化不断推进而被抹平的世界。在他看来，从1492年哥伦布远航开始至1800年是全球化的1.0版本，这个阶段全球化的主要动力来自于国家，“全球化令世界的规模从大号‘缩水’为中号”；从1800年至2000年是全球化2.0版本，“这个阶段让世界的规模从‘中号’缩水为‘小号’”，其主要动力来自于跨国公司；而当前世界处于全球化的第三个时代，即是全球化3.0版本，它“将这个世界从小号进一步缩小到微型，并且将竞争场夷为平地”，其动力来自于个人，软件和网络让个人得以在全球范围内参与竞争和合作。①

与以往将广大受众类型化、整体化对待的传统传媒不同，当前的媒体传播更多地关注到个体受众。体育领域的科技创新都是围绕着提升个体观众观赏体验、关注度和参与度展开的。鉴于大型体育赛事的观赛群体相对年轻化，对新事物、特别是社交媒体等信息的关注较多，新媒体传播方式逐步在大型体育赛事中应用，将分散的个人联系起来，在期间形成信息的互动。“新媒体”，主要是相对旧媒体而提出的概念，许多研究也将其称为“自媒体”。王凯军从几个方面探讨了新媒体的概念，认为首先“它是一种以个人性为指向的分众媒体，而非大众媒体”；其次处于新媒体中的信息发送者与信息接收者之间具有充分的互动；其内容多样，兼

① ［美］弗里德曼著，何帆、肖莹莹、郝正非译：《世界是平的：21世纪简史：内容升级和扩充版》，湖南科学技术出版社2008年版，第8—9页。

顾文本、音频和视频等多种方式；是“一种跨越国界的全球化媒体”①。新媒体主要的传播方式是充分利用互联网，微博、微信、社交网站 APP 等是典型的代表。

以中国媒体对 2010 年南非世界杯的传播为例。电视、报刊虽然仍是此届世界杯的重要传播方式，为广大感兴趣的群体提供了诸多设计精良的赛事资讯和知识。但是，网络媒体，特别是新浪、网易、搜狐、腾讯、TOM 等门户网站，通过积极同国际其他国家主流媒体采取合作，为赛事提供了诸多原创报道，在各大门户网站、视频网站的网友中广泛传播，一举抢夺了整体赛事传播的半壁江山。同时，服务于个体观看者的手机电视也首次加入到此次世界杯的转播工作中，受到了诸多球迷的追捧。这些新媒体的报道除包含传统媒体传播采用的播报、评论等方式外，也注意了播报内容的娱乐性、互动性。资料显示此届世界杯“在万众瞩目的阿德大战的两个小时内，相关新浪微博数超 300 万条，创下自世界杯开赛以来的最高值，其中微博发送量峰值达到 3000 条/秒”。②这些数据显现，新媒体运作方式的融入极大提升了大型体育赛事的传播率和认可率。

2014 年巴西世界杯也是新媒体传播方式在国际大型体育赛事中应用的典型实例。据陈建仙③的调查，新浪微博统计，“世界杯开赛期间在微博平台上 1.05 亿用户常遭了 14.92 亿互动量，其中有 9.14 亿讨论量，相关话题总阅读量高达 297.5 亿”，此外，庞大的非专业球迷也加入其中，特别是远超过男性的女性参与者加

① 王凯军：《新媒体在大型赛事开发中的运用研究》，《体育成人教育学刊》，2007 年第 5 期，第 15 页。

② 徐蒂：《论南非世界杯传播的新特征》，《新闻研究导刊》，2010 年第 1 期，第 48 页。

③ 陈建仙：《新媒体传播模式对体育赛事影响力的重构》，《体育科学研究》，2015 年第 3 期，第 17—18 页。

入围观行列，将本届世界杯转换为一种“全民的狂欢”，极大拓展了赛事及相关方的影响力。

在此过程中，微信传播也逐渐在大型体育赛事中发挥优势。微信虽然是在 2011 年才推出与公众见面，但几年时间就迅速发展成为重要的移动终端，用户数目不断攀升。微信公众号和个人微信号是微信传播的两种主要方式。“腾讯 2015 年度第三季度财报显示微信每月活跃用户已达到 5.49 亿，覆盖 90% 以上智能手机，200 多个国家”，“目前公共账号总数超过 800 万个，直接带动生活消费规模 110 亿”，并且“近 8 成用户关注了公众号”①。在 2016 年里约奥运会期间，社交网络的互动俨然成为国际传播的主流。媒体报道将该届奥运会昵称为“最移动的奥运会”，据报道，此届奥运会的传播受众中“16 岁到 25 岁的年轻受访人中，微信（51%）、社交网站 APP 等新媒体”，“在 Twitter 上，#Rio2016 这个话题引发了 1.87 亿条讨论”，“有 2.77 亿人在 Facebook 上一共发起 15 亿条关于里约奥运会的讨论，1.31 亿用户在 Instragram 上发起 9.16 亿条讨论”②。同时里约奥运会中“网络直播”的方式也大行其道，部分热播博主的直播甚至引起服务器瘫痪。新媒体在大型体育赛事的融入推动了大型体育赛事更迅速、多元化、个性化的分享和传播，拓展了媒体传播的议程和方式。然而，碎片化、片面化等新媒体的信息缺陷尚需要在创新性的实践中进行不断的完善。

在大型体育赛事的公共外交过程中，科技推动了竞技运动水平、赛事设施等的更新和完善，为各国适应当代社会发展，借助赛事展现国家与地区实力或形象提供了独特的视角。“创新性”促

① 袁永军：《大型体育赛事微信传播研究》，武汉体育学院 2016 年硕士论文，第 1 页。

② 周瑞华：《里约奥运：一场新媒体的胜利》，《成功营销》，2016 年第 9 期，第 35 页。

使科技进步具有高附加值，同时通过当代媒体技术的放大作用，极大地提升了大型体育赛事在筹办进程中作为公共外交重要渠道的国际传播的普及率和影响力。

第三节 全球一体与大型体育赛事的新兴参与者

国际格局的结构性调整以及经济全球化的不断推进促使世界上愈来愈多的国家和地区加快了自身全球一体化的步伐，成为了以奥运会为代表的大型国际体育赛事的新兴参与者。

一、20世纪90年代后国际奥林匹克运动的世界参与

奥运会是国际奥林匹克运动发展以及各成员国或地区体育等实力集中展示的平台。其中，申办和参与是各相关方彰显自身力量的主要渠道。历史上，奥运会等大型国际体育赛事曾长期由少数西方发达国家主导和参与；20世纪90年代之后，这一情况不断改观，越来越多的国家表现出对国际奥委会这一国际非政府组织的关注以及对奥运会这一国际体育盛事的参与热情。

国际奥委会的成员国数目也在不断增加。在汉城奥运会期间，国际奥委会的成员国数目是167个，此后伴随着国际格局的调整，更多的国家和地区以独立的身份加入国际奥委会，国际奥委会当前的成员数目为206个。

如表5—1所示，与20世纪上半叶诸多国家因为政治或其他因素缺席奥运会不同，此后国际奥委会的各会员国基本都保持稳定的奥运会参加率，未再出现之前大规模抵制或缺席的情况。

表 5—1　1992—2016 年夏季奥运会世界各国家或地区参赛概况

主办年份	主办国、主办城市	参赛国家/地区数目（个）	参赛运动员数目（人）
1992	西班牙、巴塞罗那	169	9356
1996	美国、亚特兰大	197	10318
2000	澳大利亚、悉尼	199	10651
2004	希腊、雅典	201	10625
2008	中国、北京	204	10942
2012	英国、伦敦	204	10500

信息来源：https：//www. olympic. org/barcelona－1992。

同时，如表 5—2 所示，除去过去一直参与奥运会申办的国家，非洲、南美洲、中亚、东亚等一些从未申办过大型体育赛事的国家也开始参与到奥运会候选城市的选拔工作中。

表 5—2　1992—2016 年夏季奥运会申办国家概况

主办年份	申办国家、城市
1992 年 第 25 届奥运会	法国的巴黎、荷兰的阿姆斯特丹、澳大利亚的布里斯班、英国的伯明翰、南斯拉夫的贝尔格莱德
1996 年 第 26 届奥运会	希腊的雅典、南斯拉夫的贝尔格莱德、英国的曼彻斯特、澳大利亚的墨尔本、加拿大的多伦多
2000 年 第 27 届奥运会	德国的柏林、中国的北京、巴西的巴西利亚、土耳其的伊斯坦布尔、英国的曼彻斯特、意大利的米兰、澳大利亚的悉尼、乌兹别克斯坦的塔什干
2004 年 第 28 届奥运会	南非的开普敦，土耳其的伊斯坦布尔，瑞典的斯德哥尔摩，俄罗斯的圣彼得堡，比利时的布鲁塞尔，意大利的罗马，西班牙的塞维利亚，波多黎各的圣胡安，阿根廷的布宜诺斯艾利斯，巴西的里约热内卢，法国的巴黎、里昂和里尔

续表

主办年份	申办国家、城市
2008 年 第 29 届奥运会	中国的北京、日本的大阪、泰国的曼谷、马来西亚的吉隆坡、法国的巴黎、西班牙的塞维利亚、加拿大的多伦多、古巴的哈瓦那、埃及的开罗、土耳其的伊斯坦布尔
2012 年 第 30 届奥运会	英国的伦敦、法国的巴黎、西班牙的马德里、美国的纽约、俄罗斯的莫斯科、古巴的哈瓦那、土耳其的伊斯坦布尔、德国的莱比锡、巴西的里约热内卢
2016 年 第 31 届奥运会	阿塞拜疆的巴库、美国的芝加哥、卡塔尔的多哈、西班牙的马德里、捷克的布拉格、巴西的里约热内卢、日本的东京

国际奥林匹克运动在经历半个多世纪低谷徘徊后，正逐步回归“使体育运动为人的和谐发展服务”的基本宗旨。在诸多奥林匹克运动新兴的倡导者和推动者中，中国是代表性的力量之一。

二、中国的奥林匹克之路

1. 中国对于奥林匹克运动的历史参与

中国参与到国际奥林匹克运动的时间较晚，直到 1932 年才有第一名运动员参加了洛杉矶举办的奥运会，“1949 年中华人民共和国成立以前，中国体育水平[①]低下，虽然参加了三届奥运会，但从未获得一块奖牌，更没有创造一项世界纪录”[②]。1978 年末中国开启了改革开放政策，该政策不仅促进了经济建设，也促使中国体育进入了发展的新时期。“1978—1980 年，连续三年的体育工作会议确定了以竞技体育为工作中心，制定了参加奥运会的有关方针

① 课题组：《新中国体育与奥林匹克运动双向驱动发展研究》，人民体育出版社 2006 年版，第 8 页。

② 国家体育总局：《改革开放 30 年的中国体育》，人民体育出版社 2008 年版，第 89 页。

与措施，初步形成了新时期体育的‘奥运战略’。”① 1979 年国际奥委会“名古屋决议”顺利解决了中国在国际奥委会的席位问题②，中国也因此重返奥林匹克国际体育大家庭。

20 世纪 80 年代初是中国体育崭露锋芒的时期，中国体育健儿在亚运会和其他许多国际单项赛事中取得了优异的成绩，在 1984 年的洛杉矶奥运会中，中国更是实现了奥运会金牌零的突破，并一举以 15 枚金牌位列奖牌榜第四名。中国也在全国范围内掀起了“体育热”，民族自信、凝聚力和自豪感得到了极大的提升。《人民日报》1986 年 3 月发表评论员文章《向世界体育强国迈进》，充分肯定了过去五年“中国体育给世界留下了深刻的印象，海内外炎黄子孙为之振奋”，指出“体育的腾飞，是中华民族奋起的象征”。③

中国体育的积极发展也得到了国际体育界的关注和赞赏。仅 1983 年至 1988 年期间，中国就有多名体育工作者因为在促进中国同国际体育组织之间联系与合作中所做出的杰出贡献而荣获了由国际奥委会颁发的勋章④。国际奥委会主席萨马兰奇在参加 1987 年广州全运会期间表示，“中国体育的发展，等于促进了世界和平和友谊。”⑤ 在 1987 年 9 月国际奥委会向所有成员国家和地区奥委

---

① 郝勤：《中国体育通史》6 卷，人民体育出版社 2008 年版，第 72 页。

② 《国际奥委会执委会就恢复中国席位问题通过决议》，《新华社多媒体数据库》，1979 年 10 月 27 日。

③ 《向世界体育强国迈进》，《人民日报》，1986 年 3 月 16 日，第 1 版。

④ 国际奥委会主席萨马兰奇在 1983 年、1984 年分别为中国国家体委顾问荣高棠和中国奥委会主席钟师统颁发了银质“奥林匹克勋章”；1986 年在人民大会堂为国务院副总理万里和中国奥委会副主席黄中银分别颁发了金质和银质“奥林匹克勋章”，授予了中国奥委会“奥林匹克奖杯”，并在北京体育学院演讲宣扬奥林匹克精神、肯定中国在国际奥林匹克大家庭中的重要地位；1987 年又为国家体委主任李梦华颁发了银质“奥林匹克勋章”。

⑤ 《萨马兰奇说中国的体育发展等于促进了世界和平和友谊》，《新华社多媒体数据库》，1987 年 11 月 23 日。

会发出 1988 年汉城奥运会邀请函的仪式中，萨马兰奇在代表世界五大洲的五封邀请函上签名，其中亚洲的代表就是中国。①

中国在确认参加是届奥运会的声明中这样写道：

“奥林匹克运动在全世界范围内不断发展，中国奥委会作为奥林匹克运动的成员之一，与国际奥委会保持和发展着良好的合作关系。为了增进我国运动员同各国运动员的友谊，为了发展体育运动，我们按照《奥林匹克宪章》的规定，将参加第 24 届奥运会。”②

声明展现了中国作为国际奥委会成员国积极推动和参与国际体育赛事的责任感与使命感，也表达了正处于改革开放初期的中国更好融入国际社会、增进同世界各国运动员交往的良好愿望。汉城奥组委主席朴世直在对是届奥运会的纪实中特别写到了中国参加的意义，“在筹备汉城奥运会期间，曾担心前两次奥运会也会影响汉城奥运会，从而使汉城奥运会也变成‘半个奥运会’。但是，幸亏因中国和苏联的参与促使很多国家都参与了进来，因此当时的汉城奥运会创下了奥运会史上参加国数量最多的纪录。”③

2. 中国对于奥林匹克运动的当代参与

伴随着改革开放和中国经济的快速发展，中国在奥运会等国际大型体育赛事中的参与不断增加；中国也作为主办方承办了包括 2008 年北京夏季奥运会在内的诸多大型国际综合体育赛事以及单向型体育赛事。大型体育赛事的承办同时拉动了国家以及地区经济的发展，催生了体育产业的兴起，促进科技创新和转换。

---

① 向奎观：《国际奥委会邀请各国和地区参加明年奥运会　朝鲜北南双方共同举办 1988 年奥运会问题仍将磋商》，《人民日报》，1987 年 9 月 19 日，第 3 版（科教 · 文化 · 体育）。

② 《中国奥委会决定参加奥运会　一百五十六个国家和地区接受国际奥委会邀请》，《人民日报》，1988 年 1 月 16 日，第 3 版（科教 · 文化 · 体育）。

③ 朴世直：《我策划了汉城奥运会》，中信出版社 2005 年版，中文版自序 x。

当前，中国国内多个城市，如北京、上海、广州、济南等，已建成相当数量符合国际比赛规格要求的场馆设施，同时也形成了较为完备的运动员、教练员队伍。

2008 年第 29 届奥运会胜利在中国北京开幕。合理规划的比赛流程、富含人文气息的艺术表演、高科技的场馆建设、高素质的管理服务、繁荣的奥运相关产品市场等等都给国际公众留下了深刻的印象。此后，中国充分把握了“奥运体育热”的良好时机，连续举办了 2009 年第十一届全国运动会、2010 年广州亚运会等大型赛事，激发了全民参与体育运动的高昂热情，也进一步开拓了自身的体育管理、体育建设和体育实践。

中国是奥林匹克运动的坚定倡导者和支持者。依据国际奥林匹克运动的主张，中国在体育事业发展中既注重竞技体育的发展，也十分关注发展群众体育运动，加强群众体育的基础设施建设，促进群众体育的全面发展。

伴随着中国等热爱和平、以世界各国共同发展为己任的新兴国家在奥运会等大型国际体育赛事中的积极参与，国际体育史中一再重演的大型体育赛事的政治化倾向在逐步消弱。体育科技创新、大赛管理优化、体育赛事的媒体融合及高效传播、主办城市的可持续发展以及赛事筹办过程中社会利益与赛事参与方经济利益的平衡等问题日趋成为新时代大型体育赛事国际合作和竞争的重要领域。

第六章

大型体育赛事的公共外交启示

第一节　主要研究发现

一、基本发现

大型国际体育赛事是国家实施公共外交的平台，其间蕴含着复杂的国际政治互动。本研究依据公共外交的特性、借鉴国际关系三大传统的相关理论假设，以历史叙事为基本方法，采用国际史的视角，依托新近解密的历史档案、媒体报道等公务档案和大众传播档案，对汉城奥运会筹办过程中的国际政治运作进行了深度个案分析，对本书开始提出的研究问题进行了回应。

首先，汉城奥运会的筹办是在韩国国内问题以及冷战后期大国关系调整的复杂背景下展开的。冷战后期，国际社会主要国家对国家利益以及历史发展认识的转变、美苏军事对峙的缓和、中国等社会主义国家经济发展和国际参与意愿增强等一系列变化，为韩国的公共外交努力发挥作用创造了条件。

其次，韩国作为汉城奥运会的主办方，申办奥运会具有明确、强烈的政治，特别是国际政治动机。韩国政府期望以汉城奥运会为契机拓展和改善与世界各国，尤其是社会主义国家的关系以摆脱自身在国际政治舞台的孤立局面，同时为自身政府合法性背书，为韩国发展成为世界工业强国铺垫。

为了实现如上国际政治目的，韩国充分利用以国际传播和外交沟通为主体的混合型公共外交方式，展开了与国际奥委会和国际社会的沟通互动。韩国政府、国家元首和体育官员十分注重与国际奥委会紧密合作、充分互动，发挥委托机构的优势，借助奥林匹克运动良好的品牌形象以及国际奥委会在组织系统内外的传播和多方斡旋向国际社会传递正面信息；韩国领导人和体育官员同样关注跨国沟通和媒体的国际传播作用，在奥运筹备日常以及遭遇危机的情况下，始终坚持通过大众媒体等公开渠道向国际社会，特别是尚未建立正式外交关系的社会主义国家表达顺利安全举办奥运会的意愿并阐明举措，同时利用公关公司，向世界“说明”立场；对于朝鲜一方，韩国积极通过正式外交渠道对针对自己的不当言行进行沟通，坚持参与国际奥委会主持的南北体育会谈，并做出适当让步。在国际媒体前的公开发言中避免“斗争”性质的过激言辞，注意话语表达中传递中立、客观、友善的信息。

第三，“高政治”层面的大国关系对韩国政治目标的实现具有重要影响。在冷战格局中，特别是苏联、美国等国的介入，使汉城奥运会被进一步政治化。社会主义国家虽支持朝鲜主张，但并未影响各国基于自身的国家利益在奥运会参与这一“低政治”事务中选择与国际奥委会以及韩国沟通。

本书依据公共外交的特性以及对国际关系理论的梳理所提出的由政治动机、国际传播、外交沟通、“低政治”与“高政治”互动各要素构成的分析框架有效辅助了对汉城奥运会筹备过程中国际政治互动的理解和诠释。研究显示，在申办和举办汉城奥运会事宜中，韩国对外政策目的明显高于促进本国体育发展等非政治目的；在筹办过程中，韩国政府倾向于采用积极的公共外交方式与国际奥委会和国际社会沟通，而非采用非外交行为；韩国政府的公共外交努力主要倾向于以国际传播的方式展开，注重通过大众媒体对外公布信息、观点和主张，并充分利用国际奥委会国际交流和沟通的优势，通过私人沟通、会谈、会议等多方渠道，整合了人际传播、组织传播和大众传播；在奥运会筹备过程中，韩国国内虽然经历了剧烈的民主化变革和社会动荡，但经过国内体制调整和适当的公共外交应对，并未影响最终国际社会对汉城奥运的参与；冷战后期大国政治的变化比韩国国内因素更大程度地决定了韩国政府申办和举办奥运会的相关政治目标的实现。

二、国际非政府组织的政治媒介作用

汉城奥运会筹备过程中的公共外交显示，一国政府在推动文化层面的对外交流中，不仅要充分利用国际传媒，还可以通过委托有共同目标的国际组织的方式。

国际组织与主权国家不同，“属于国际政治中的‘第三股势力’——既非政府部门，也非跨国集团，而属于非营利性的非国家行为体，走的也是‘第三条道路’，即以向国际社会提供公共产品、追求实现公共利益为主要目标”①。国际奥林匹克运动通常被视为人类体育史中最伟大的运动，也是人类文明史当中贡献巨大的社会文化现象，国际奥委会是其最高权力机构。诸多研究显示，始于顾拜旦的现代奥林匹克运动的兴盛、持续和发展与蕴含其中的独特生活哲学息息相关：肇始于19世纪的该运动与同时期产生的红十字、童子军、世界语、世界展销会等国际化运动相一致，强调权力、尊严、摆脱歧视等理念，超越了体育本身而成为一种

① 李华：《国际组织公共外交研究》，时事出版社2014年版，第3页。

能与同时期其他新的哲学思想相映成趣的信仰①。在国际社会中，某一民族国家依据自身历史文化所形成的政治制度、文化价值和发展理念有时并不能为其他民族国家所完全理解或认同，而致力于推动具有普世意义的价值或行为的国际非政府组织的存在，利于不同民族国家跨越文化的藩篱进行信息和理念的沟通，因此展现出独特的公共外交媒介功能。

国际奥委会本身是一个非政治性的国际体育组织，但在20世纪80年代韩国尚未成为联合国成员、南北关系依旧紧张、韩国与社会主义主要国家没有外交关系以及之前两届奥运会因冷战思维存在接连遭遇大规模抵制的情况下，国际奥委会扮演了非同一般的政治角色。韩国政府在是届奥运会筹备进程中对国际奥委会予以充分信任、协助和放权，双方形成了稳固的同盟关系。国际奥委会由此成为国家实现自身利益、树立良好形象、推进同世界各国交流的媒介。借助国际奥委会与社会主义国家的充分交流和沟通，如参加社会主义国家体育部长会议、同社会主义国家元首及体育官员私人会晤和交涉等，关于汉城奥运会的错误报道得以在官方层面及时纠正、各方的要求和基本态度得以为相关方知晓；国际奥委会对奥运会邀请函发放方式以及缺席奥运会处罚等规则的改革为韩国赋予汉城奥运会的相应政治目标的实现提供了制度保障；由国际奥委会这一非政治性的第三方国际非政府组织主持的韩国体育会谈，让世界关注朝鲜半岛的分裂现状，促使双方得以通过“低政治”议题的交流加强联系、缓解紧张局势；辅助韩国营建了灵活、积极寻求改变的国家形象；为朝鲜表达自身

① 参见 John Hoberman, “Toward a theory of Olympic internationalism,” *Journal of Sport History*, Vol. 22, No. 1, 1995; S. Sullivan and R. Mechikoff, “A Man of His Time: Pierre de Coubertin's Olympic Ideology and the Via Media’,” *OLYMPIKA: The International Journal of Olympic Studies*, Vol. 8, No. 1, 2004; Andy Miah and Beatriz Garcia, *The Olympics: the basics*, London; New York: Routledge, 2012.

抗议、争取平等利益等提供了媒介；同时也为双方之后继续通过议会会谈、首脑会晤等政治性交流寻求更有效解决方案做出铺垫。

伴随着国际格局愈发向多边多元方向发展，国际非政府组织的角色愈发重要。倡导发展体育、教育民众等价值的国际组织的存在，将各国的关系在“低政治”议题的博弈中调试至相对公平、平等的平台之上，不同国家的主张得到了关注，一定程度平衡了国际社会权力的不对称性。主权国家借助国际非政府组织的平台开展自身的外交，国际非政府组织在各主权国家的复杂政治互动中也赢得了新的发展机遇，但也不得不在与之合作中做出机制调整，从而自身不可避免地在实现各方的共享利益进程中被政治化。

三、公共外交在“低政治”与“高政治”互动中的作用

公共外交是全球信息技术发展、相互依赖增强过程中外交的新的表现形式。但作为外交体系的组成部分，公共外交的目标同样是服务于国家利益。国家利益不仅包含物质层面的利益，也包含精神层面的利益。在大型国际体育赛事的筹办中，公共外交主要是以国际传播和外交沟通为内涵展开的，它在促进“高政治”与“低政治”互动中发挥了积极的作用。

韩国作为汉城奥运会的主办方是该赛事最大的受益者，它借此实现了自身为汉城奥运会设定的全部国际政治目标。奥运会之前，韩国虽在经济建设方面成绩非凡，但在国际政治舞台上依旧孤立，其 70 年代初就已积极推动的“北方政策”始终未在外交领域取得实质性突破。承办汉城奥运会为韩国融入国际社会提供了契机。仅在 1981 年汉城成功成为奥运会举办城市之后不久，将要于 1985

年召开的国际商务大会（International Chamber of Commerce General Assembly）和世界银行国际货币基金组织大会（World Bank-International Monetary Fund conference）就决定将会议地点选择为汉城①。奥运会在韩国国内的民主化转型当中被赋予了极其重要的意义，正如高丽大学教授李（Lee Shin-wha）的评价，“在过去的20余年中，韩国的软实力增强得益于其经济技术的骄人成绩，同样也要归功于成功地举办了1988年汉城奥运会、2002年世界杯等国际大型活动。”② 汉城奥运会结束后不久，韩国与社会主义国家关系在政治层面取得了惊人的进展：1989年2月，韩国与东欧的匈牙利实现了关系正常化；11月，与东欧的波兰实现了关系正常化和经贸合作；12月，同南斯拉夫建立外交关系；1990年3月，同捷克斯洛伐克、保加利亚和罗马尼亚建交，与蒙古实现了关系正常化；1990年9月，与苏联建交；1991年，韩国同阿尔巴尼亚建交；1992年8月，中国与韩国建立了外交关系。汉城奥运会成为韩国国际社会地位被重新定义的起点。

战争是“高政治”领域研究的主要问题，军事战略家克劳塞维茨（Carl von Clausewitz）将其称为“其他方式延续的政治”，该关系同样适用于探讨大型体育赛事这一“低政治”平台同国际政治的关联，体育实则也是政治另一种方式的延续。汉城奥运会进程中韩国的公共外交努力得以发挥作用是与冷战末期大国关系的变化息息相关的。20世纪进入七八十年代，苏联、美国、中国等国家纷纷弱化在意识形态、安全、军事等方面的关注，注重经济发展、多边合作。在汉城奥运会问题中，苏中等社会主义大国，在对其他社会主义国家合理主张给予必要声援的同时，并未被其

---

① Richard W. Pound, *Five rings over Korea*, p. 48.

② Shin-Wha Lee, “The theory and reality of soft power: Practical approaches in East Asia,” in Jan Melissen, *Public diplomacy and soft power in East Asia*, Palgrave Macmillan US: Springer, 2011, p. 21.

利益左右自身的决策，而是坚持了自身基于国家利益制定的对外政策；美国也在80年代中期美苏关系缓和后数次将对汉城奥运会的支持这一“低政治”问题引入美苏高层会晤的议程。在此过程中，国际奥委会及其所提倡的奥林匹克精神为大国的行动提供了具有普世意义的道德支持。换言之，韩国和国际奥委会的预期目标与大国期望实现的国家利益相一致成为汉城奥运会最大参与度、成功举办以及韩国公共外交目标实现的关键因素。

在国际政治中，权力的不对等带来了国际社会不同的地位分配，但权力的大小不必然带来对他国行为的控制。因“低政治”问题的不同表现不易引发外界过激反应，也不会招致在安全、经济等层面的利益损失，反而彰显出各自在国际社会独特的国家特质和风格以及独树一帜的战略思维。换言之，由于主权国家在“低政治”领域国际事务所做出的决策并非如军事、安全等“高政治”事务决策那样生死攸关，因此也展现出更多调和、运作和决策的空间。“低政治”领域议题的研究为更加细致、深入观察、体会、诠释不同国家微妙的政治文化和政治运作创造了条件，加深了对国家与国家、国家与社会、国家与大众以及国家与文化互动的理解和认识，是“高政治”议题探究的有效补充。

第二节　建议与展望

2022年，冬奥运和亚运会两项大型体育赛事将相继在中国举行，依据国际体育运动的新发展以及我国的国情，在国际体育赛事的公共外交中，如下方面值得关注：

第一，赛事主办方政府对赛事宏观的引导、管理与支持仍是大型体育赛事成功举办的基础保障。20世纪90年代之后，国际大型体育赛事中经济收益、科技发展以及各种新兴积极力量的融入为大型体育赛事领域的公共外交创造了更多的交流主体、交流对象以及更为接近体育精神本质的交流场域，但国际交流的内在逻辑并未改变。仍需关注国家在国际关系互动中的主体地位。

第二，大型国际体育赛事的成功举办涉及到大赛诸多相关行为体之间复杂的互动。在赛事申办、筹备、举办及赛后，需要协调和兼顾举办城市、赞助投资企业、组织机构、参加人员、运动员、当地居民、国际受众等各方的利益。在保证大型体育赛事既有社会效益的前提下，实现赛事社会效益、经济效益及个人收益的统一。

第三，将大型国际体育赛事视为重大公共文化工程和文化项目进行建设。通过大型国际体育赛事的平台作用，凝聚和展现具有中国品牌意义的创新科技产品和技术以及中国特色的文化观念、文化产品，拉动举办城市基础设施更新和建设、促进旅游及相关产业发展、创造当地经济新的增长点，向国际受众展现崭新城市形象和国家发展潜力。提高传播能力，立体、全面、真实地展现当代中国、当代中国城市和当代中国人。以切实显性的改变更新国际公众对中国国内生活现状的认知。

第四，将大型体育赛事的筹办与机构管理、新闻出版、广播影视、文学艺术、教育卫生、工程建筑等事业的高质高效发展相联系。通过赛事的交流和发展促进各相关行业、相关产业的专业化、科技化、规模化发展，夯实国家及地方在国际化大型互动交流中的人才储备、技术支持、设施更新以及国家内部各单位同国外相关方的合作与协调配合能力。

国际大型体育赛事是国家进行公共外交的政治平台。进入21世纪，伴随着传播技术的日新月异和全球一体化进程的不断推进，公共外交的作用日趋显著。对国际体育赛事、国际展销会、国际论坛等诸多国际大型交流活动的公共外交行为进行深入的个案考察将会不断拓展对公共外交本质及运作的理解与认识，推动公共外交理论的完善，并为公共外交实践提供借鉴与指引。

参考文献

一、原始档案

历史与公共政策项目汉城奥运会、朝鲜半岛问题等相关档案

History and Public Policy Program Digital Archive/*HPPPD*, 1988 Seoul Olympic Games & Korea Peninsular.

美国外交档案

Ahlberg, K. L. 2016. Foreign Relations of the United States, 1977 – 1980, Volume XXX, Public Diplomacy, Washington: United States Government Publishing Office.

Wilson, J. G. 2016. Foreign Relations of the United States, 1981 – 1988, Volume VI, Soviet Union October 1986 – 1989, Washington: United States Government Publishing Office.

汉城奥运会官方报告

Seoul Olympic Organizing Committee, *Official report*: *Games of the XXIVth Olympiad Seoul Vol.* 1, Seoul: Korea Textbook Co., Ltd., 1989.

《奥林匹克宪章》

Olympic charter (1979/ 1980/1982/1983/1984/1985/1987/

1989/2015）

二、参考数据库及网络资料地址

美国《纽约时报》数据库（*New York Times*，1979—1989）

《华盛顿邮报》（*Washington Post*，http：//www. washingtonpost. com）

美国国务院网站（https：//www. state. gov）

美国公共外交协会网站（http：//pdaa. publicdiploma-cy. org）

英国《泰晤士报》数据库（The Times Digital Archive，1979—1985）

加拿大《环球邮报》数据库（The Globe and Mail，1979—1989）

加拿大总理办公室官网（http：//www. pm. gc. ca/）

国际奥委会官网（https：//www. olympic. org）

中国《人民日报》数据库（1979—1989）

新华社多媒体数据库（1979—1989）

三、传记、纪实

周阿堡:《萨马兰奇传》，华夏出版社 2006 年版。

［法］勒孔特著，张秀萍、张庆文译:《汉城奥运会内幕：1988 年奥运会申办和筹备纪实》，人民体育出版社 1993 年版。

赵瑜:《兵败汉城》，中国社会科学出版社 1988 年版。

朴世直:《我策划了汉城奥运会》，中信出版社 2005 年版。

［西班牙］萨马兰奇著，孟宪臣译:《萨马兰奇——奥林匹克回忆》，世界知识出版社 2003 年版。

窦应泰:《卢泰愚传》，黑龙江人民出版社 1998 年版。

［英］David Miller 著，梁丽娟译:《萨马兰奇与奥林匹克》，人

民出版社 1993 年版。

Richard W. Pound, *Five rings over Korea: the secret negotiations behind the 1988 Olympic games in Seoul*, Boston: Little, Brown, 1994.

四、学术论文

王建军:《浅谈体育与外交》,《外交评论:外交学院学报》,1991 年第 3 期。

王建国、王芬:《国际政治关系诸因素变化对我国承办 2008 年奥运会的影响与对策研究》,《北京体育大学学报》,2004 年第 1 期。

王沪宁、程志理、金大陆:《关于“体育政治化”的辩析——与王沪宁教授对话》,《体育博览》,1990 年第 5 期。

牛兴华、李树怡:《当代国际政治和体育》,《体育科学》,1988 年第 3 期。

布赞:《划时代变迁中的大国关系》,节大磊译,《国际政治研究》,2014 年第 1 期。

李莹、林功成、陈霓:《大型事件对国家形象建构的影响——基于对北京奥运会和上海世博会的问卷调查》,《新闻与传播研究》,2014 年第 8 期。

李卞婴、樊奇:《奥林匹克运动与政治的关系》,《武汉体育学院学报》,2003 年第 2 期。

李德芳:《体育外交的作用及其运用——以北京奥运会为例》,《现代国际关系》,2008 年第 10 期。

李德芳:《体育外交:公共外交的“草根战略”》,《国际论坛》,2008 年第 6 期。

肖平:《国际政治博弈中的现代奥林匹克运动》,《西南民族大学学报（人文社会科学版）》，2006 年第 11 期。

吕树庭：《从美、日、南朝鲜承办奥运会引出的思考》，《体育科学》，1992 年第 4 期。

马振岗：《奥运政治与奥运“政治化”之辨》，《人民论坛》，2008 年第 15 期。

金景一：《浅论中国与朝鲜半岛关系史的三个层面》，《东疆学刊》，2002 年第 2 期。

陈世阳、闫旭峰：《国际政治视野下提升中国体育国际影响力的研究》，《河北体育学院学报》，2013 年第 4 期。

徐世澄：《试论何塞·马蒂思想——纪念何塞·马蒂 150 周年诞辰》，《拉丁美洲研究》，2002 年第 6 期。

徐国琦：《“会当凌绝顶，一览众山小”——国际史研究方法及其应用》，《文史哲》，2012 年第 5 期。

唐小松、王义桅：《从“进攻”到“防御”——美国公共外交战略的角色变迁》，《美国研究》，2003 年第 3 期。

唐小松、王义桅：《试析美国公共外交及其局限》，《现代国际关系》，2003 年第 5 期。

常智、罗英杰：《新中国体育外交的历程，影响因素及发展前景》，《体育科学》，2004 年第 9 期。

梁婷婷、朱洪军：《国际大型体育赛事公共外交模式》，《武汉体育学院学报》，2012 年第 11 期。

张小明：《国际关系理论与冷战史研究》，《史学月刊》，2005 年第 6 期。

张曙光：《冷战国际史与国际关系理论的连结——构建中国国际关系研究体系的路径探索》，《世界经济与政治》，2007 年第 2 期。

乔玉成、许登云：《论体育的政治化倾向》，《体育学刊》，2009 年第 7 期。

赵启正:《中国面临的国际舆论环境》,《世界知识》,2004 年第 5 期。

赵华胜:《现阶段大国关系调整的特点,动力及趋势》,《现代国际关系》,2003 年第 2 期。

温显娟:《美苏体育外交初探》,《外国问题研究》,2015 年第 1 期。

郑华:《新公共外交内涵对中国公共外交的启示》,《世界经济与政治》,2014 年第 4 期。

阎学通:《国际关系理论与大国关系研究》,《世界经济与政治》,2003 年第 5 期。

刘江永:《奥运会对东北亚国家的影响——以北京奥运会为中心》,《东北亚论坛》,2008 年第 5 期。

刘再起、王曼莉:《“一带一路”:中国软实力的“西游”之路》,《江汉论坛》,2016 年第 6 期。

刘桂海:《体育内在的政治向度》,《体育与科学》,2013 年第 2 期。

潘绍伟:《揭开历史迷障 开拓体育前程——体育与政治关系综述》,《体育学刊》,2001 年第 4 期。

韩玉娟、刘桂海:《论体育在国际关系中的角色体现》,《体育文化导刊》,2013 年第 10 期。

檀有志:《软实力战略视角下中国公共外交体系建构》,《太平洋学报》,2011 年第 3 期。

王华、李南筑:《国外体育赛事经济影响评估研究现状》,2008 年全国体育产业学术会议。

王磊:《大型体育比赛前方记者工作效率和方式的思考》,《中国广播》,2006 年第 8 期。

卡拉:《科技进步——体育运动的一场革命》,《中国科技信息》,1997 年第 19 期。

田惠芬：《大型体育赛事志愿者的动机分析与2008北京奥运会志愿者的管理对策》，《首都体育学院学报》，2006第1期。

孔庆鹏：《大型体育竞赛的商务运作和经营开发》，《体育与科学》，2004年第4期。

金雅玲：《我国大型体育赛事口译项目管理研究》，《体育文化导刊》，2013年第5期。

刘亚云、范成文：《大型体育赛事突发事件预警管理指标体系的构建》，《西安体育学院学报》，2010年第5期。

刘猛猛：《我国体育赛事风险管理的分析与对策》，《统计与管理》，2017年第5期。

刘茂玲：《2010年广州亚运会传染病疫情风险分析及防范措施》，《中国公共卫生管理》，2009年第6期。

杨木森：《科技革命与体育运动研究》，《北京体育大学学报》，2005年第5期。

杨国栋：《谈谈体育场馆“公共安全系统”之建设》，《中国安防》，2015年第18期。

殷小川、徐玮：《大型体育赛事3D转播解决方案》，《广播与电视技术》，2014年第8期。

黄友发、胡利军、冯连世：《体育科技对体育产业发展促进作用研究》，《体育文化导刊》，2008年第8期。

黄德沂：《大型体育赛事中吉祥物宣传片的比较研究》，《当代体育科技》，2013年第35期。

董传升：《大型体育赛事中科技价值传导的聚散模式研究》，《科技管理研究》，2010年第19期。

梁汉平：《中国大型国际体育赛事语言服务研究》，《山西师大体育学院学报》，2011年第2期。

郭伟等：《再看“人文奥运”理念下的裁判员礼仪》，《当代体育科技》，2012年第18期。

颜鸿填、龙秋生：《大型赛事对城市经济产生的乘数效应研究》，《广州体育学院学报》，2011 年第 2 期。

甄浩：《大型体育赛事传播的解说评论之功》，《传媒》，2014 年第 4 期。

鄢长安：《大型体育赛事物流应急事件的动态调控》，《沈阳工业大学学报（社会科学版）》，2014 年第 2 期。

Jessamyn R. Abel, "Japan's Sporting Diplomacy: The 1964 Tokyo Olympiad," *The International History Review*, Vol. 34, No. 2, 2012, 203 – 220.

Lincoln Allison and Terry Monnington, "Sport, prestige and international relations," in Lincoln Allison (ed.), *The Global Politics of Sport*, New York, Routledge, 2005, 5 – 25.

Peter J. Beck, "The relevance of the 'irrelevant': football as a missing dimension in the study of British relations with Germany," *International Affairs*, Vol. 79, No. 2, 2003, 389 – 411.

Dario Brentin and Loïc Tregoures Brentin, "Entering through the sport's door? Kosovo's sport diplomatic endeavours towards international recognition," *Diplomacy & Statecraft*, Vol. 27, No. 2, 2016, 360 – 378.

Yunci Cai, "The art of museum diplomacy: The Singapore-France cultural collaboration in perspective," *International Journal of Politics, Culture, and Society*, Vol. 26, No. 2, 2013, 127 – 144.

Thomas F. Carter and John Sugden Carter, "The USA and sporting diplomacy: Comparing and contrasting the cases of table tennis with China and baseball with Cuba in theCarter 1970s," *International Relations*, Vol. 26, No. 1, 2012, 101 – 121.

M. Patrick Cottrell and Travis Nelson Cottrell, 2010. "Not just the games? Power, protest, and politics at the Olympics," *European Jour-*

nal of International Relations, Vol. 17, No. 4, 2010, 729 – 753.

Nicholas J. Cull, "Public diplomacy before Gullion," in Nancy Snow and Philip. M. Taylor, *Routledge Handbook of Public Diplomacy*, New York: Routledge, 2009, 19 – 23.

Nicholas J. Cull, "The long road to public diplomacy 2.0: The Internet in US public diplomacy," *International Studies Review*, Vol. 15, No. 1, 2013, 123 – 139.

John Lewis Gaddis, "International relations theory and the end of the Cold War," International Security, Vol. 17, No. 3, 1992, 5 – 58.

Jeremy Goldberg, "Sporting diplomacy: Boosting the size of the diplomatic corps," Washington Quarterly, Vol. 23, No. 4, 2003, 63 – 70.

Peter Hays Gries, H. Michael Crowson and Todd Sandel Gries, "The Olympic effect on American attitudes towards China: Beyond personality, ideology, and media exposure," Journal of Contemporary China, Vol. 19, No. 64, 2010, 213 – 231.

Jonathan Grix and Paul Michael Brannagan Grix, "Sports Mega-Events as Part of a Nation's Soft Power Strategy: The Cases of Germany (2006) and the UK (2012)," *The British journal of politics & international relations*, Vol. 16, No. 4, 2014, 572 – 596.

Namgil Ha and Mangan, "Ideology, politics, power: Korean sport transformation, 1945 – 1992," in Fan Hong and J. A. Mangan, *Sport in Asian society: past and present*, New York: Routledge, 2005, 213 – 242.

Woong Yong Ha, "Korean sports in the 1980s and the Seoul Olympic Games of 1988," *Journal of Olympic History*, Vol. 6, No. 2 (Summer, 1998), 11 – 13.

John Hoberman, "Toward a theory of Olympic internationalism," *Journal of Sport History*, Vol. 22, No. 1, 1995, 1 - 37.

Barrie Houlihan and Richard Giulianotti, "Politics and the London 2012 Olympics: the (in) security Games," *International Affairs*, Vol. 88, No. 4, 2012, 701 - 717.

Akira Iriye, "The Internationalization of History," *American History Review*, Vol. 89, No. 1, 1989, 1 - 10.

Akira Iriye, "Culture," *Journal of American History*, Vol. 77, No. 1, 1990, 99 - 107.

Haluk Karadag, "Forcing the common good: The significance of public diplomacy in military affairs," *Armed Forces & Society*, Vol. 43, No. 1, 2017, 72 - 79.

Liam Kennedy and Scott Lucas, "Enduring freedom: Public diplomacy and US foreign policy," *American Quarterly*, Vol. 57, No. 2, 2005, 309 - 333.

Young Whan Kihl, "*North Korea in* 1984: '*The Hermit Kingdom*' *Turns Outward*!" Asian Survey, Vol. 25, No. 1, 1985, 65 - 79.

Michal Marcin Kobierecki, "Sport in international relations expectations, possibilities and effects," *International Studies. Interdisciplinary Political and Cultural Journal*, Vol. 15, No. 1, 2013, 50 - 75.

8. Kyröläinen and T. Varis, "Approaches to the study of sports in international relations," *Current research on peace and violence*, Vol. 4, No. 1, 1981, 55 - 88.

Shin-Wha Lee, "The theory and reality of soft power: Practical approaches in East Asia," in Jan Melissen, *Public diplomacy and soft power in East Asia*, Palgrave Macmillan US: Springer, 2011, 11 - 32.

Roderic Lyne, "Making Waves: Gorbachev's Public Diplomacy, 1985 - 86," *Proceedings of the Academy of Political Science*, Vol. 36,

No. 4, 1987, 235 -253.

Jarol B. Manheim, "Rites of passage: The 1988 Seoul Olympics as public diplomacy," *Western Political Quarterly*, Vol. 43, No. 2, 1990, 279 -295.

Joseph A. Maxwell, "Understanding and validity in qualitative research," *Harvard educational review*, Vol. 62, No. 3, 1992, 279 -301.

Jan Melissen, "The new public diplomacy: Between theory and practice," in Jan Melissen (ed.), *The new public diplomacy*, New York: Palgrave Macmillan, 2005, 3 -27.

Laura Merickova, "Alternative approaches to public diplomacy," *Polish Sociological Review*, Vol. 3, No. 187, 2014, 351 -365.

Håvard Mokleiv Nygårdand Scott Gates, "Soft power at home and abroad: Sport diplomacy, politics and peace-building," *International Area Studies Review*, Vol. 16, No. 3, 2013, 235 -243.

Joseph S. Nye, "Public diplomacy and soft power," *The annals of the American academy of political and social science*, Vol. 616, No. 1, 2008, 94 -109.

Steffen Bay Rasmussen, "The messages and practices of the European Union's public diplomacy," *The Hague Journal of Diplomacy*, Vol. 5, No. 3, 2010, 263 -287.

Jim Riordan, "The impact of communism on sport," in Arnd Kruger and Jim Riordan, *The International Politics of Sport in the* 20*th Century*, London; New York: E & FN Spon, 1999, 48 -66.

J. B. Ritchie and B. H. Smith, "The impact of a mega-event on host region awareness: A longitudinal study," *Journal of Travel Research*, Vol. 30, No. 1, 1991, 3 -10.

Giles Scott-Smith, "Mapping the undefinable: Some thoughts on the relevance of exchange programs within international relations theory," *The Annual of the American Academy of Political and Social Science*, Vol. 616, No. 1, 2008, 173 – 195.

Barry H. Steiner, "Diplomacy and international theory," *Review of International Studies*, Vol. 30, No. 4, 2004, 493 – 509.

S. Sullivan and R. Mechikoff, "A Man of His Time: Pierre de Coubertin's Olympic Ideology and the Via Media'," *OLYMPIKA: The International Journal of Olympic Studies*, Vol. 8, No. 1, 2004, 27 – 52.

Philip M. Taylor, "Public diplomacy and strategic communications," in Nancy Snow and Philip M. Taylor, *Routledge Handbook of Public Diplomacy*, New York: Routledge, 2009.

Ushkovska and T. Petrushevska, "Sports Diplomacy: Development and Practice," *Research in Kinesiology*, Vol. 43, No. 1, 2015, 89 – 93.

Wang Jian, "Telling the American story to the world: The purpose of U. S. public diplomacy in historical perspective," *Public Relations Review*, 33, 2007, 21 – 30.

Wang Yiwei, "Public diplomacy and the rise of Chinese soft power," *The Annals of the American Academy of Political and Social Science*, Vol. 616, No. 1, 2008, 257 – 273.

Geoffrey Wiseman, "Bring diplomacy back in: Time for theory to catch up with practice," *International Studies Review*, Vol. 13, No. 4, 2011, 709 – 728.

Andrzej Wohl, "Competitive sport and its social functions," *International Review of Sport Sociology*, Vol. 5, No. 1, 1970, 117 – 130.

Oliver Zöllner, "A quest for dialogue in international broadcasting: Germany's public diplomacy targeting Arab audiences," *Global Media and Communication*, Vol. 2, No. 2, 2006, 160 - 182.

五、学术论著

丁建新：《叙事的批评话语分析：社会符号学模式》，重庆大学出版社 2014 年版。

方秀玉：《战后韩国外交与中国：理论与政策分析》，上海辞书出版社 2011 年版。

《中美关系数据汇编》第 2 辑（上），世界知识出版社 1961 年版。

王浦劬：《政治学基础》，北京大学出版社 2014 年版。

布思：《萨道义外交实践指南》，上海译文出版社 1984 年版。

李华：《国际组织公共外交研究》，时事出版社 2014 年版。

沈定昌：《韩国外交与美国》，社会科学文献出版社 2008 年版。

何喜有、[韩] 申相振：《从相互隔绝到战略合作：建交后中韩政治经济关系的演化》，复旦大学出版社 2016 年版。

邵毅平：《朝鲜半岛：地缘环境的挑战与应战》，上海古籍出版社 2005 年版。

孟庆义、赵文静、刘会清：《朝鲜半岛》，人民出版社 2006 年版。

郭可：《国际传播学导论》，复旦大学出版社 2004 年版。

韦民：《小国与国际关系》，北京大学出版社 2014 年版。

科林斯：《大战略》，中国人民解放军战士出版社 1978 年版。

施雪华：《政治科学原理》，中山大学出版社 2001 年版。

郝勤：《中国体育通史》6 卷，人民体育出版社 2008 年版。

徐文吉：《朝鲜半岛时局与对策研究》，山东大学出版社 2007 年版。

徐世澄:《冲撞：卡斯特罗与美国总统》，东方出版社 1999 年版。

［美］罗伯特·基欧汉、约瑟夫·奈著，门洪华译：《权力与相互依赖》，北京大学出版社 2012 年版。

张曙光:《经济制裁研究》，上海人民出版社 2010 年版。

国家体育总局:《改革开放 30 年的中国体育》，人民体育出版社 2008 年版。

陈峰君、王传剑：《亚太大国与朝鲜半岛》，北京大学出版 2002 年版。

［古巴］D. 施诺卡尔、P. A. 塔维奥编，宋小平等译：《古巴雄狮：卡斯特罗的青少年时代》，社会科学文献出版社，2000 年版。

赵启正：《公共外交与跨文化交流》，中国人民大学出版社 2011 年版。

赵启正:《公共外交战略》，学习出版社 2014 年版。

杨道金:《菲德尔·卡斯特罗·鲁斯——拉美巨人》，时事出版社 2006 年版。

课题组：《新中国体育与奥林匹克运动双向驱动发展研究》，人民体育出版社 2006 年版。

课题组:《体育强国战略研究》，人民体育出版社 2010 年版。

［美］汉斯·摩根索著，徐昕等译：《国家间政治：权力斗争与和平》，北京大学出版社 2006 年版。

［挪威］盖尔·伦德斯塔德著，张云雷译：《战后国际关系史》，中国人民大学出版社 2014 年版。

樊渝杰:《夏季奥运史话》，清华大学出版社 2004 年版。

刘继南、周积华、段鹏:《国际传播与国家形象——国际关系的新视角》，北京广播学院出版社 2002 年版。

韩方明:《公共外交概论》，北京大学出版社 2012 年版。

［美］阿尔弗雷德·赛恩著，贡娟等译：《权力、政治与奥运会》，北京体育大学出版社 2008 年版。

钱其琛：《世界外交大辞典》，世界知识出版社 2005 年版。

Roger I. Abrams, *Playing Tough: The World of Sports and Politics*, Lebanon, New Hampshire: University Press of New England, 2013.

Lincoln Allison, *The politics of sport*, New York: Manchester University Press, 1986.

Lincoln Allison, *The changing politics of sport*, New York: Manchester University Press, 1993.

Charles K. Armstrong, *Tyranny of the weak: North Korea and the world*, 1950 – 1992, Ithaca, New York: Cornell University Press, 2013.

Edward W. Barrett, *Truth is our weapon*, New York: Funk & Wagnalls, 1953.

Adrian Budd and Roger Levermore, *Sport and international relations: An emerging relationship*, London: Routledge, 2004.

Julie M. Bunck, *Fidel Castro and the quest for a revolutionary culture in Cuba*. University Park, PA: The Pennsylvania State University Press, 1994.

Victor D. Cha, *Beyond the final score: The politics for sport in Asia*, New York: Columbia University Press, 2009.

Victor D. Cha, *The impossible state: North Korea, past and future*, London: The Bodley Head, 2012.

Ralph N. Clough, *Embattled Korea: The Rivalry for International Support*, Boulder: Westview Press, 1987.

Costas M. Constantinou, *On the way of diplomacy*, Minneapolis: University of Minnesota Press, 1996.

John W. Creswell, *Qualitative inquiry and research design: Choosing among five approaches*, New York: Sage publications, 2012.

Nicholas J. Cull, *The cold war and the United States information agency: American propaganda and public diplomacy*, 1945 – 1989, UK: Cambridge University Press, 2008.

Terry L. Deibel and Walter R. Roberts, *Culture and information: Two foreign policy functions*, Newbury Park: Sage Publications, 1976.

Karl W. Deutsch, *The nerves of government: Models of political communication and control*, New York: Free Press of Glencoe, 1963.

Wilson P. Dizard Jr. , *Inventing public diplomacy: the story of the U. S. information agency*, USA: Lynne Rienner publishers, 2004.

Edward S Herman and Noam Chomsky Edward, *Manufacturing Consent: The Political Economy of the mass medias*, New York: Pantheon Books, 1995.

Norman Fairclough, *Critical discourse analysis: The critical study of language*, London: Longman, 1995.

Roger Fowler, Bob Hodge, Gunther Kress and Tony Trew, *Language and Control London*, London: Routledge & Kegan Paul, 1979.

John L. Gaddis, *The Cold War: a new history*, New York: Penguin Press, 2005.

Donald Getz, *Event management & event tourism*, New York: Cognizant Communication Corp, 2005.

Donald Getz, *Event studies: theory, research and policy for planned events*, London: Routledge, 2012.

Allen C. Hansen, *USIA: public diplomacy in the computer age*, New York: Praeger Publishers, 1984.

Uk Heo and Terence Roehrig, *South Korea since* 1980, *Cambridge: Cambridge University Press*, 2010.

Walter L. Hixson, *Parting the curtain: propaganda, culture, and the cold war*, 1945 - 1961, New York: St. Martin's Griffin, 1997.

James E. Hoare, *Historical Dictionary of Democratic People's Republic of Korea*, Lanham, Maryland: Scarecrow Press, 2012.

Richard P. Horwitz, *Exploring America: essays on American studies abroad*, USA: Garland Publications, 1993.

Akir Iriye, *Power and Culture: The Japanese-American War*, 1841 - 1945, Cambridge, Mass.: Harvard University Press, 1981.

Robert H. Jackson and Georg Sørensen, *Introduction to International Relations: Theories and Approaches*, New York: Oxford University Press, 2010.

Steven J. Jackson and Steven Haigh, *Sport and foreign policy in a globalizing world*, London: Routledge, 2013.

Robert Keohane and Joseph S. Nye. *Power and Interdependence: World Politics in Transition*, Boston: Little, Brown, 1977.

Jim Riordan, *The International Politics of Sport in the* 20*th Century*, London ; New York: E & FN Spon, 1999.

Seymour M. Lipset, *The first new nation: The United States in historical and comparative perspective*, New Jersey: Transactions Publishers, 1979.

Gifford D. Malone, *Political advocacy and cultural communication: Organizing the nation's public diplomacy*, Lanham, Maryland: University Press of America, 1988.

Andy Miah and Beatriz Garcia, *The Olympics: the basics*, London; New York: Routledge, 2012.

Hans J. Morgenthau, *Politics among nations: The struggle for power and peace*, New York: Alfred A. Knopf, 1948.

William R. Nester, *International Relations: Geopolitical and geo-*

economic conflict and cooperation, New York: Harpercollins College, 1995.

Joseph S. Nye, *Soft Power: The Means to Success in World Politics*, New York: Public Affairs, 2004.

Don Oberdorfer, *The two Koreas: A contemporary history*, New Edition. New York: Basic Books, 2001.

Arch Puddington, *Broadcasting freedom: the cold war triumph of radio free Europe and radio liberty*, Lexington: University of Kentucky Press, 2000.

Alfred Erich Senn, *Power, politics, and the Olympic Games*, Human Kinetics Publishers, 1999.

Paul Sharp, *Diplomatic theory for international relations*, Cambridge: Cambrdige University Press, 2009.

Nancy Snow and Philip M. Taylor, *Routledge Handbook of Public Diplomacy*, New York: Routledge, 2009.

Michael Stubbs, *Text and corpus analysis: Computer-assisted studies of language and culture*, Oxford: Blackwell, 1996.

Julia E. Sweig, *Cuba: What Everyone Needs to Know (r)*, Oxford: Oxford University Press, 2009.

Marc Trachtenberg, *The Craft of International History: A Guide to Method*, Princeton, New Jersey: Princeton University Press, 2006.

John A. Vasquez, *Classics of international relations*, London: Pearson College, 1996.

Kenneth N. Waltz, *Theory of International Politics*, New York: McGraw-Hill, 1979.

Brantly Womack, China and Vietnam: The politics of asymmetry, Cambridge: Cambridge University Press, 2006.

Xu Guoqi, *Olympic dreams: China and sports*, 1895 - 2008,

Cambridge, MA: Harvard University Press, 2008.

七、学位论文

王承就:《古巴共产党建设研究》，南开大学 2010 年博士学位论文。

王春雷:《基于有效管理模型的重大事件公众参与研究》，同济大学 2008 年博士学位论文。

王洁洁:《国际关系及重大事件对出入境旅游的影响》，陕西师范大学 2011 年博士学位论文。

艾小勇:《重大事件中的国家形象塑造》，上海外国语大学 2011 年博士学位论文。

母耕源:《外交沟通理论与实践初探》，外交学院 2010 年博士学位论文。

荣枢:《菲德尔·卡斯特罗的社会主义思想研究》，武汉大学 2012 年博士学位论文。

周旺成:《大型赛事风险及管理的研究》，北京体育大学 2008 年博士学位论文。

沈佳:《体育赛事赞助目标和策略研究》，上海体育学院 2010 年博士论文。

闻兰:《大型体育赛事人力资源管理理论与实务研究》，天津大学 2010 年博士学位论文。

邢尊明:《我国大型体育赛事优化管理理论与实证研究》，福建师范大学 2008 年博士学位论文。

Anahit Armenakyan, "An International and Longitudinal Study of Mega-Event and Country Images: Attitude Formation and Sense Making Concerning the XXI Vancouver 2010 Winter Olympics", Doctoral dissertation, Carleton University Ottawa, 2012.

Hyunjoo Cho, "International sporting events, nationalism and sport diplomacy", Doctoral dissertation, Loughborough University, 2013.

Bang-Chool Kim, "Sport, Politics and the New Nation: Sport Policy in the Republic of Korea (1961 - 1992)", Doctoral dissertation. The Ohio State University, 2001.

Jong-Yong Lee, "Sport nationalism in the modern Olympic Games", Doctoral dissertation, University of Nothern Colorado, 1990.

Chong-sik Lee, "Relations between the U. S. and North Korea: 1948 to 1989", Doctoral dissertation, St. John's University, 2009.

Josh R. Lieser, "Los Angeles and the 1984 Olympic Games: Cultural Commodification, Corporate Sponsorship, and the Cold War", Doctoral dissertation, University of California, 2014.

Erin Elizabeth Redihan, "Winning hearts and medals: The Olympics and the Cold War, 1948 - 1968", Doctoral dissertation, Clark University, 2015.

附 录

缩略语对照表

缩写	名称
ANOC	国家奥委会联合会（Association of National Olympic Committees）
FIFA	国际足球联合会（Fédération Internationale de Football Association）
KASA	韩国业余体育联合会（Korea Amateur Sports Association）
KOC	韩国奥林匹克委员会（Korea Olympic Committee）
IF	国际体育联合会（International Federation）
IOC	国际奥林匹克委员会（International Olympic Committee）
OC	《奥林匹克宪章》（Olympic Charter）
OCOG	奥林匹克运动会组委会（Organizing Committee of Olympic Games）
PASO	泛美体育组织（Pan American Sports Organization）
SLOOC	汉城奥运会组织委员会/汉城奥组委（Seoul Olympic Organizing Committee）

图书在版编目（CIP）数据

大型国际体育赛事的公共外交研究/路静著．—北京：时事出版社，2017.12

ISBN 978-7-5195-0188-4

Ⅰ.①大… Ⅱ.①路… Ⅲ.①运动竞赛—外交—研究 Ⅳ.①G811.7

中国版本图书馆 CIP 数据核字（2017）第 320568 号

出版发行：时事出版社
地　　址：北京市海淀区万寿寺甲 2 号
邮　　编：100081
发行热线：（010）88547590　88547591
读者服务部：（010）88547595
传　　真：（010）88547592
电子邮箱：shishichubanshe@sina.com
网　　址：www.shishishe.com
印　　刷：北京朝阳印刷厂有限责任公司

开本：787×1092　1/16　印张：9.5　字数：150 千字
2017 年 12 月第 1 版　2017 年 12 月第 1 次印刷
定价：88.00 元